竞攀系列
上海市高校085内涵发展专业建设资助项目
2011上海市教委科技创新项目、上海体育学院赛事研究中心资助项目

# 体育营销学

主　编　徐　琳

编写者　徐　琳　刘清早　钟天朗　刘　兵　李　海
　　　　沈　佳　王　岩　叶祥账　朱洪军　黄奇伟
　　　　杨　倩　宋　昱　杨　涛

复旦大学出版社

# 前　　言

　　体育已经成为全球蓬勃发展的一项产业。随着我国经济发展方式的转变、经济结构战略性的调整、消费结构的不断升级和现代服务业的快速发展,体育产业已经逐渐成为我国国民经济发展的新亮点。我国《国民经济和社会发展的第十二个五年规划纲要》(《纲要》)中已明确提出,要发展健身休闲体育,发展体育竞赛和表演市场,发展体育用品、体育中介和场馆运营等服务,促进体育事业和体育产业协调发展。《纲要》从国家经济社会发展的高度对体育产业提出了明确的要求。大力发展体育产业还需要体育经营管理等基础性工作的支撑。

　　体育营销学是指导现代体育经营者取得成功的重要思想武器,是一门内涵丰富的经营哲学。体育营销学已经越来越受到体育经营者的关注。体育营销学是市场营销理论在体育领域的特殊运用,是伴随着体育产业的发展而兴起的一门新兴学科。但是,体育营销学理论研究历史尚短,在很多领域尚待进一步的深入。在中国,体育营销学更是刚刚起步。今后需要完善的工作还很多。因此,我们也希望通过本教材的编写,介绍体育营销学现有理论,系统梳理体育营销的实际问题,推动我国的体育营销学的学科建设。同时,希望本书能对体育营销领域的研究起到积极的倡导作用。

　　本教材的特点体现在两方面。第一,本教材是一本案例丰富的体育营销学教材。本书采用了很多国内外体育营销案例和体育相关报道来支持理论与主要观点。第二,本教材是一本本土化的体育营销教材。首先,本教材采用了很多本土案例和报道。其次,本教材在对市场营销学原有理论体系融会贯通的基础上,强调了从中国体育产业国情特点出发的理论再造,其中有不少更容易被中国读者理解和接受的思想和观点。最后,本教材更强调理论上的系统性和完整性,根据中国读者的认知习惯构建具有较强逻辑性的体系架构。

　　编写具体分工是:徐琳编写第一、二章;宋昱编写第三章;刘清早编写第四章;王岩和叶祥财编写第五章;沈佳编写第六章;刘兵编写第七章;杨倩编写第八章;钟天朗编写第九章;李海编写第十章;黄奇伟编写第十一章;杨涛和朱洪军编写第十二章。

《体育营销学》主要面向经济管理类专业的本科生和研究生,同时也是体育营销工作者有用的参考书。我们希望本书不但能激发体育营销学教师和体育营销从业人员的思考,而且能够提高他们实际的体育营销水平,从而进一步推动我国体育产业的发展。本书借鉴了有关学者的研究成果和观点,在此一并表示感谢。

徐 琳

2012 年 6 月 16 日

# 目 录

**第一章　体育营销概论** ···································································· 1
　第一节　体育营销的相关概念及其特性 ··············································· 1
　第二节　体育营销管理过程 ······························································ 5
　第三节　体育营销新发展 ································································· 7
　本章小结 ····················································································· 8

**第二章　体育营销环境分析** ······························································ 10
　第一节　营销环境和营销活动 ·························································· 11
　第二节　外部环境 ········································································· 11
　第三节　体育营销者内部环境分析 ···················································· 22
　本章小结 ···················································································· 24

**第三章　体育营销策略** ··································································· 25
　第一节　体育营销战略 ··································································· 26
　第二节　体育营销组合策略 ····························································· 30
　本章小结 ···················································································· 37

**第四章　体育赛事营销** ··································································· 38
　第一节　体育赛事营销概述 ····························································· 38
　第二节　体育赛事营销的产品与方法 ················································· 42
　本章小结 ···················································································· 50

**第五章　职业体育俱乐部和职业体育联盟营销** ····································· 51
　第一节　职业体育俱乐部和职业体育联盟营销概述 ······························ 52
　第二节　职业体育俱乐部和职业联盟的产品和营销策略 ······················· 55
　本章小结 ···················································································· 61

**第六章　体育明星营销** ............................................................. 62
　第一节　体育明星营销的概述 ..................................................... 63
　第二节　体育明星营销的特征 ..................................................... 64
　第三节　体育明星营销的营销方法 ................................................. 68
　本章小结 ....................................................................... 71

**第七章　体育健身娱乐业服务营销** ................................................. 72
　第一节　体育健身娱乐服务营销相关概念与特征 ..................................... 73
　第二节　体育健身娱乐业服务产品与营销策略 ....................................... 77
　本章小结 ....................................................................... 81

**第八章　体育旅游营销** ........................................................... 82
　第一节　体育旅游概述 ........................................................... 82
　第二节　体育旅游营销产品及方法 ................................................. 84
　本章小结 ....................................................................... 88

**第九章　体育场（馆）营销** ....................................................... 90
　第一节　体育场（馆）营销概述 ................................................... 90
　第二节　体育场（馆）营销的产品与方法 ........................................... 95
　本章小结 ....................................................................... 99

**第十章　体育媒体营销** ........................................................... 100
　第一节　体育媒体界定 ........................................................... 100
　第二节　体育媒体营销的策略与方法 ............................................... 103
　本章小结 ....................................................................... 108

**第十一章　体育彩票营销** ......................................................... 109
　第一节　体育彩票营销概述 ....................................................... 109
　第二节　体育彩票营销组合策略 ................................................... 114
　本章小结 ....................................................................... 120

**第十二章　体育用品营销** ......................................................... 121
　第一节　体育用品营销概述 ....................................................... 121
　第二节　体育用品的分类及营销方式 ............................................... 124
　本章小结 ....................................................................... 129

主要参考文献 ....................................................................... 131

# 第一章

# 体育营销概论

**本章要点**

- 体育营销的概念
- 体育营销的特点
- 体育产业的发展
- 体育营销的管理过程
- 体育营销新发展

---

**案例导读**

欧洲杯不仅是各队争夺欧洲足坛最高荣誉的舞台,也是吸金的聚宝盆。

基辅大学在日前发布的《欧洲杯经济效益研究》报告中显示,2012年欧洲杯让欧足联至少获得了16亿美元的赞助和电视转播收入,总共31场激战,平均每场入账超过5 161万美元。创下了欧洲杯赛吸金史上的一个新高。

就连欧足联也给自己算了一笔账:每场比赛至少吸引了全球1.5亿电视观众,决赛将拥有2.5亿电视观众,这一数字比得上奥运会开幕式的收视率。欧足联赛事主管泰勒说:"欧洲杯的确人气很旺。"的确,让欧足联喜出望外的是,欧债危机固然来势凶猛,但依然无法阻挡球迷和商家的热情,这次国际足联的六大赞助商均赞助了本届欧洲杯,而且电视转播收入也达到了10亿美元。

资料来源:中国网 http://finance.china.com.cn/consume/yxjt/20120701/838702.shtml

---

## 第一节 体育营销的相关概念及其特性

体育营销学是市场营销理论在体育领域的特殊运用,是伴随着体育产业的发展而兴起的一门新兴学科。虽然体育营销作为一个学科的发展是近20年随着体育产业的蓬勃发展才开始的,但是体育营销行为却已经有很长的历史。自从体育个人和组织开始通过体育来赚取利益,也就产生了体育个人和组织对于自己难以控制的交换对象及影响因素进行研究的必要。而体育营销学正是站在体育个人和组织的角度,以实现交换为目标,研究与实现交换有关的需求、市场、环境、战略和战术等方面问题的一门学科。随着我国体育产业的蓬勃发展,体育营销已经成为体育个人和组织不可或缺的技能。

## 一、体育营销的概念

体育营销一词最早出现于 1978 年美国的《广告时代》杂志。广义的体育营销概念包括"体育的营销"和"通过体育的营销"两个层面的含义。体育的营销是指体育产品的营销,是体育个人或者组织通过创造、提供并同他人交换有价值的体育产品,以满足各自需求的一种社会活动和管理过程。体育的营销是一般的营销原理和过程在体育领域中的特殊运用。体育个人和组织为了实现和目标消费者之间的交换,需要了解市场情况,并针对目标消费者进行体育产品生产、定价、促销和渠道等设计和实施活动。例如,中超球队的门票销售就是一个典型的"体育的营销"。通过体育的营销是指非体育类厂家借助于体育进行营销,将体育作为促销其产品的一种营销手段。例如,中国联想成为 2008 奥运会的全球合作伙伴就是联想公司"通过体育的营销"的典型案例。狭义的体育营销仅特指"体育的营销"。本教材所采用的是狭义的体育营销概念。因此,本教材将着重探讨体育产品的营销。

## 二、体育营销交换关系

体育营销的核心功能是促成体育营销者和体育消费者之间的一种交换关系。在体育的交换关系中(图 1-1),交换的双方分别是体育营销者和体育消费者。体育营销者和体育消费者分别拥有对方感兴趣的物品。体育营销者通过为体育消费者提供不同的体育产品,满足体育消费者的体育需求,为消费者带来快乐、放松、健康和提高生活质量等收益。同时,体育消费者以他们的时间、金钱和注意力等作为给予体育营销者的回报。体育营销者获得收入,赚取利润,得以生存发展。因此,在体育交换关系中,最核心的元素主要有:体育产品、体育营销者、体育消费者和消费回报。

图 1-1 体育的交换关系

**(一) 体育消费者**

体育消费者是指购买使用体育产品的个人或者组织。体育消费行为是源于体育消费者的体育需要、欲望和需求。

需要是指人类的尚未满足的生理或者心理状态。当需要指向具体的可以满足需要的特定物品时,需要就变成了欲望。例如,一个消费者不满意自己过胖的体型,就会产生减肥的需要。而当该消费者希望通过参加有氧操、游泳和慢跑等形式来减肥时,这时他的欲望就是有氧操、游泳和慢跑的课程和装备。需求是指对某个具体产品有购买能力的欲望。

体育产品只有满足目标消费的需求,给消费者带来价值,消费者才可能会购买该种体育产品。顾客会在不同的体育产品中选择他们认为可以带来最大价值的体育产品。价值是顾客对体育产品效用及成本的认知。效用是消费者通过消费获得的有形和无形利益。体育产品的质量和服务水平越高,消费则者获得的效用越高。成本是指消费者为了实现消费付出的货币和时间、精力等非货币代价。价值随着质量和服务水平的提高而上升,随着价格的上升而下降。

体育消费者主要有观众、赞助商、媒体和体育参与者等类型。体育消费者构成了体育市场。

1. **观众** 是指观赏服务的直接购买者。观众为满足自我的休闲娱乐需求而进行消费。根据观看途径的不同,观众可以分为媒体观众和现场观众两种。现场观众在比赛现场观看比赛,他们一般通过购买门票获得竞赛表演产品的现场观赏权。媒体观众通过体育宣传媒体的直播或者录播去欣赏比赛。体育赛事的经营者非常重视现场观众的观赛体验。而随着媒体观众人数的规模日益庞大和赛事转播费用的逐年增加,媒体观众的地位已超越了现场观众。赛事往往为了适应媒体的转播日程表和转播特点,对赛事的时间和规则都会做出变动,而有时需要牺牲现场球迷的利益去迎合媒体的需要。观众消费者也可以分为个体观众和团体观众。如今,体育场馆场都有专门为团体消费者精心设计的豪华包厢和会议室。许多团体消费者能够购买专门区域和长期包厢的门票以观看体育赛事。而团体消费者往往将比赛作为内部营销和业务招待的重要平台。尽管体育营销者获得来自观众的收入比例相对较小,但是观众的规模和满意决定了赞助和转播的价值,从而最终决定了赛事转播权和赞助的收入。因此,在所有的体育消费者中,观众是体育营销者最重要的资产。

2. 赞助商  是指通过购买与体育赛事或体育明星关联的权利从而提升其品牌形象,促进其产品销售的组织。从现有体育的收入构成来看,赞助商的支出已经成为体育领域重要的收入来源之一。例如,奥运会全球合作伙伴的赞助就是奥委会的主要经济支柱。而通过体育赞助,赞助商可以提高企业知名度、树立公司形象,到达目标市场、突显品牌定位、增加销售、进行内部营销和满足领导者个人兴趣。

3. 媒体  媒体为了提高其收视率而购买体育赛事的转播权,是体育产品的组织消费者。

4. 体育参与者  是指参加各类体育运动活动的消费者。这些体育参与者为了满足其健康、休闲、提高运动技能、社会交往等需求。体育参与者可能会参加各类体育课程、进行体育训练,并购买实物型体育产品。比如参加篮球培训,购买体育虚拟游戏、购买体育服装鞋帽和装备、加入健身俱乐部和报名参加业余体育比赛等都是体育参与者的消费行为。

**(二) 体育产品**

任何满足消费者参与或者观赏体育运动的相关需求或者欲望的产品都可以被认为是体育产品。消费者通过消费体育产品满足需求,获得功能性或者情感性的消费收益。体育产品可以是物品、服务、人员、地点或信息。从体育产品的消费形式来分,体育产品主要可以分为观赏型体育服务、参与型体育服务、实物型体育产品、体育信息产品及其他体育产品。

1. 观赏型体育服务  是一种满足体育消费者体育观赏需求的体育产品,主要有各类体育赛事和体育演出。

2. 参与型体育服务  是满足消费者亲身参与体育运动需求的体育产品,主要有体育场馆租赁服务、体育健身休闲服务、技能培训服务、群众性体育赛事服务和体育旅游服务等形式。

3. 实物型体育产品  包括体育器材、运动服饰等在体育运动中被使用的一切有形的体育用品。

4. 体育信息产品  可以满足各类体育爱好者和关注者的体育信息需求。体育信息包括与体育相关的一些新闻、统计资料、日程、报道等。这些信息产品通过各类体育报刊、体育广播电视、体育网络及手机媒体向消费者进行传播。

5. 体育彩票  是指与体育相关的各类彩票,是一种能给购买者带来某种中奖权利的凭证。

6. 其他体育产品  除了以上主要的体育产品形式之外,体育产品还包括体育商务服务产品和体育类电子游戏等多种形式。

(1) 体育商务产品:包括运动员康复、体育市场研究、场馆建设、财务咨询服务、赛事管理和营销推广、球队管理和训练、运动员经纪服务等。这类产品是为体育经营者提供的有形和无形产品之和。

（2）体育类电子游戏：近年来，许多电子游戏厂商纷纷推出了一些仿真的体育类电子游戏。这种游戏的最大特点是玩家可手握手柄模仿各种体育项目的动作。全球知名的互动娱乐公司艺电公司(EA)旗下的 EA SPORTS 提供各类体育题材游戏，涉及篮球、足球、橄榄球、曲棍球和运动汽车等项目。进入中国市场后，EA 开始逐步开发以中国流行体育项目为题材的游戏软件。

**（三）体育营销者**

体育营销者是指进行体育产品生产和销售的个人或者组织。体育营销者共同形成体育行业。体育营销者主要有：职业体育联盟、职业体育俱乐部、公益性体育组织和运动项目管理协会、体育明星、体育经纪公司、体育场馆、比赛门票代理机构、健身休闲俱乐部、体育培训机构、实物型体育产品商、体育旅游公司、体育医疗康复机构、体育媒体、体育赛事举办城市、体育主管部门、彩票发行和管理机构等多种类型。

不同的体育营销者有不同的营销目的。例如，职业体育联盟、职业体育俱乐部、体育经纪公司、实物型体育产品商和比赛门票代理机构的营销目标是获取赢利；公益性体育组织和运动项目管理协会的营销目标则是更多地推广运动项目；体育赛事举办城市则希望通过体育进行城市营销；体育主管部门则通过营销促进其政策目标的达成。

**（四）体育消费者的回报**

从体育经营者的视角，回报是体育消费者为了获取体育产品而给予体育营销者的货币和时间、精力等。消费者回报具体包括门票或者体育用品的货币支出、排队购票的时间和体力、花费在观看媒体转播上的注意力、讨论比赛和球星的时间和精力、搜索体育信息的时间和精力等。消费者的这些消费回报是对体育营销者有价值的东西，可以为体育营销者带来各种收入。

## 三、体育产品及其体育营销的特性

当今，体育营销学已经成为一门独立的理论学科。虽然体育营销学是市场营销学在体育产业领域中的应用，体育营销基本原理的发展是建立在营销基本原理基础上的。但是，由于体育产品的特殊性，营销原理在被应用到体育领域时，仍然需要进行一些必要的调整，只有这样才能在体育营销上取得成功。因此有必要了解体育营销的特殊性。体育营销的特点主要源于体育产品的独特性。因此，下面基于体育产品的不同，分别讨论观赏型体育产品、参与型体育产品和实物型体育产品 3 类体育产品的体育营销的特性。

1. 观赏型体育产品及其营销的特性　观赏型体育产品具有结果不可预见性、消费者高度介入、生产的竞争与合作性并存及媒体转播权和赞助为主要收入来源等特点。

天气状况、主力球星的意外受伤、观众的情绪、对方球员的表现和裁判的判决都会成为影响比赛结果的不可控制因素。在这样的条件下进行竞赛表演，比赛的结果自然就很难确定。正如在很多比赛中，常常出现最后阶段的逆转。因此，在观看体育比赛时，观众将体会到的情绪是难以确定的。比赛的不可预见性，也正是比赛的魅力所在。因此对体育营销人员来讲，由于比赛结果的不可预见性，所以也无法向观众承诺或担保比赛的结果和球星的表现。相反，体育营销人员更应该突出体育比赛和其他娱乐产品的这种差异性，来吸引消费者。

世界各国普遍存在的规模庞大的球迷群体也揭示了体育产品的另一个特点，那就是相对于其他的娱乐形式，体育更容易使观众投入更多的感情因素。在这种高介入状态下，球迷对某项运动或者球队的喜好度和忠诚度更高。而这个球迷群体对于某项运动或者球队的偏好不易受到球队成绩和表现的影响，并愿意为某项运动或者球队支付品牌溢价，价格弹性小。因此，建立忠诚的球迷队伍是体育经营者实现持续的利润增长的最有效方法。体育经营者必须把与观众建立长期稳定的关系，发展壮大球迷群体作为重要的营销目标。

观赏型体育产品生产具有独特的经济机制。一支球队是无法完成体育竞赛表演产品的生产,球队之间必须通过竞争和相互合作的形式来产生竞赛表演产品。两支势均力敌的球队的比赛要远比两支实力悬殊明显的球队的比赛更能吸引观众的眼球。因此,体育联盟不仅要考虑单支球队的竞争力,还要考虑到整个运动项目的竞争性平衡,只有这样才能吸引更多的消费者。

媒体转播和体育赞助是观赏体育营销领域中重要的营销命题。媒体转播和赞助的收入已经成为体育组织主要的收入来源。因此,体育经营者需要充分了解媒体和赞助商的需求,与媒体和赞助商建立长期良好的合作关系。

2. **参与型体育产品及其营销的特性** 参与型体育产品本质上是一种服务产品。有形体育产品的生产、销售及消费往往是在不同的时间和空间进行的。而服务类体育产品则不同。在很多情况下,体育服务产品的生产过程与消费过程往往是统一而不能割裂的。体育服务产品生产者在提供服务的同时,消费者也消费了这种体育产品。在某些情况下,消费者不仅在体育服务产品生产现场,而且在相当程度上参与体育服务产品的生产过程。在体育健身、体育培训、体育旅游服务等产品的提供过程中,顾客的全过程参与是生产的必要条件。因此,在参与型体育产品的营销中注重消费者的消费体验是参与型体育产品营销者尤其需要关注的。

3. **实物型体育产品及其营销的特性** 实物型体育产品因为和体育存在着天然的契合度,因此,运用体育赞助和运动明星代言是实物型体育产品营销中最常用的营销手段。

在体育赞助营销和运动明星代言中,实物型体育产品企业向某一体育项目方或者运动明星提供一定的有形资源(如金钱、物质等)或无形资源(如地位、技术、服务等),获得体育赞助权益或者代言权益。这些权益最主要是体育项目方或者运动明星无形资产的使用权利,除此之外,还有门票、新闻发布、媒体曝光和赛场展示等多种形式。通过赞助或者运动明星代言可以实现提高其品牌的知晓度、可信度、美誉度和销量等营销目标。在体育赞助营销和运动明星代言营销中,企业和体育项目方或者运动明星的匹配度是体育营销者最应该关注的问题。

### 四、体育营销哲学

现实中,体育经营者的组织利益和体育消费者的顾客利益往往会产生冲突,那么体育经营者应该用怎样的理念来指导公司的营销努力?如何决定组织利益和消费者利益各自所占的权重?这主要取决于体育经营者和消费者在交换关系中的力量博弈。当处于卖方市场时,体育经营者在交换关系中拥有更多决定权。因此,体育经营者的经营决策更多考虑自身利益。相反,随着体育市场竞争激烈程度日益加剧,更多的体育经营者必须选择以市场为导向的营销观念来指导其营销行为。在营销中,市场就是具有购买意愿和购买能力的消费者之和。随着体育产业的发展,体育营销者需要更多地考虑消费者利益。

在市场为导向的营销观念指导下,企业行为以消费者为中心,注重买方的需要。企业要做的不是寻找自己产品的合适顾客,而是为顾客找到合适的产品。体育经营者实现组织目标的关键在于体育经营者要比竞争对手更有效地为其选定的目标市场创造、传递和传播顾客价值。体育经营者必须适应不断变化的市场环境并做出反应,基于对消费者需求的认识,不断满足消费者的需求,创造和留住满意的顾客。

## 第二节 体育营销管理过程

体育营销者在进行体育营销的管理过程中,一般要经历明确营销目标、内外部环境分析、战略制定和实施、战术制定和实施及其营销评估等环节。

1. **明确营销目标** 体育经营者最高层面的战略应该是组织的品牌战略,而其他的任何形式的营销都是作为品牌战略的支撑。体育营销应该是组织整体品牌战略的组成部分,是为企业的整体战略服务的。因此,体育营销的目标应该是服从于组织品牌战略目标下的子目标。体育营销目标将影响到组织所有的体育营销决策。

2. **内外部环境分析** 内外部环境分析是体育经营者在目标明确的基础上对组织营销机会的确定。体育营销者的科学合理的营销行为是建立在对企业所处的体育营销内外部环境分析和自身的资源实力分析的基础之上的。具体包括对体育经营者的外部宏观环境、行业环境、体育消费者及其体育经营者自身进行分析,并找出组织面临的外部机会和威胁、组织内部优势和劣势。从而为体育经营者的营销决策提供依据。这一部分内容将本书的第二章中具体探讨。

3. **战略制定** 由于资源的有限性,体育经营者不可能在大型、广阔或多样的市场中为所有体育消费者提供产品和服务。但是体育经营者可以将消费者划分成有着独特的需求和需要的消费者群体,这些消费者具有一定的一致性,他们形成若干个细分市场。体育营销者集中营销资源在特定的细分市场上,可以更好地为该细分市场中的消费者服务。要做到这些,要求体育经营者采取3个主要步骤:第一,确定并描绘需要被提供相对独立的体育产品或者营销组合的体育消费者群体(市场细分);第二,选择一个或多个准备进入的细分市场(选定目标市场);第三,在细分市场上建立和传播体育产品与竞争对手不同的关键利益(市场定位)。这一部分内容将本书的第三章中具体探讨。

4. **战术制定和实施** 体育营销者确定市场定位后,体育经营者需要着手解决战略实施问题。体育经营者必须制定一个营销战术组合来切实促进消费者购买产品。从总体上讲,体育经营者的营销活动包含产品、定价、分销、促销四大基本体育营销策略的组合。产品策略、价格策略、促销策略、分销策略也就是营销中的4P(英文首字母都以P开始)。每一项体育营销策略又同时包含着若干种具体的体育营销手段。例如,促销策略包含有广告、人员推销、营业推广和公共关系等具体营销手段。每一项具体的营销手段还可能包含有更具体的营销技巧。例如,广告的制作和投放中就有很多的技巧。所以任何一项体育营销决策,不仅是4种基本体育营销策略的组合,更是各类营销手段和营销技巧的综合运用。同时,营销战术组合需要按照一定的营销活动规律组合起来。营销战术必须在此营销目标的指导下组合成统一的整体,相互协调、相互配合,形成较强的合力,使其能产生出较强的综合效应;并根据环境的不同,对各种营销组合灵活地加以调整,以适应在各种环境条件下能有效地实现企业的营销目标。

5. **体育营销评估** 体育营销评估是确定体育营销计划的全面成功状况,评估需要对体育营销的结果进行测量,比较营销结果与营销目标,并确定下一步的体育营销计划。当体育营销计划没有达到预想的市场目标,体育经营者需要做出体育营销的策略调整。体育营销的结果可以从销售分析、收益分析和消费者满意感等3个方面进行测量。

销售分析是指将目前销售和以往销售、行业竞争对手销售和预测销售进行比较,它可作为评价公司业绩的一种方式。收益分析是指体育经营者测量扣除费用后挣到的利润数量,或产品产生的收入和投入成本之间的差额。尽管销售和利润代表传统上测量其成功的硬指标,但随着更多体育组织努力以消费者或营销为导向,体育消费者满意感已变成了最为关键的营销目标之一。体育经营者通过交流和倾听消费者的需求和需要,使用消费者热线电话、实行营销调查、观察消费者的评价或投诉卡,来测量消费者满意感。

## 第三节 体育营销新发展

### 一、全球化背景下的体育营销

全球化是20世纪80年代以来在世界范围日益凸显的新现象,是当今时代的基本特征。随着20世纪末世界全球化进程的加快,亚洲、东欧和非洲地区等新兴体育产业市场日渐兴起和技术的发展,体育产业的全球化趋势也越加明显。随着体育贸易在全球贸易中所占比率逐年上升,各项职业化运动项目全球推广加快,体育联盟组织全球发展战略的明晰,体育产业的全球化给体育营销提出了新的要求,体育营销者在体育产品的推广中需要充分考虑全球化的影响。

**(一) 体育产业全球化发展的动因和条件**

1. *资本的逐利*　资本的逐利本性让体育资本不断通过开拓新市场获取更多的利润。欧美体育市场规模庞大,但是趋于饱和,增长有限。特别是2008年的经济危机之后,欧美市场增长乏力,更多的体育营销者将目光投向了增长快速的新兴市场。

2. *新兴体育市场的兴起*　20世纪以来,亚洲、东欧和非洲地区等新兴市场的人民个人可支配收入不断提高。5天工作制、弹性工作制和定期休假制等制度的逐步实施使得这些地区人们闲暇时间大大增加,这催生了巨大的体育消费需求。新兴体育市场的兴起为体育产业全球化提供了市场基础。

3. *传播技术的飞速发展*　卫星传送技术的发展,使全球各地的观众能通过电视、互联网收看世界各地举行的各种精彩的体育比赛,竞技体育可以实现全球性的传播。传播技术的发展为体育产业全球化提供了技术基础。

**(二) 体育产业全球化的主要表现**

越来越多的职业体育联盟和职业俱乐部通过在海外设办事处,到海外举行各种商业性比赛或表演赛,招募和引进外籍球员和教练员的方式开拓其体育产品市场。例如,北美职业棒球MLB在悉尼设立办事处,NBA成立中国公司,这些职业体育联盟和职业俱乐部的海外分支机构通过组织各种相关活动来推广运动项目和俱乐部,销售特许产品和纪念品,寻找赞助商。

体育用品公司的价值链实现了全球的布局。如耐克、阿迪达斯等近年来在发展中国家寻找代工厂和渠道商,利用其资金、品牌、技术和管理方面的优势及发展中国家廉价的劳动成本,构建了全球的价值链。

国际管理集团、职业服务、英国高德等著名体育中介公司也积极地进行跨国经营,开发全球的体育市场。例如,世界上最大的体育经纪公司国际管理集团已经在全球各地设有60多家办事处,代理着世界各地优秀运动员、教练员近2 000名。同时,国际管理集团成立了自己的体育咨询、广告、制片和转播公司,为全球不同市场提供体育项目的咨询规划服务。

随着电视机和互联网的普及,体育赛事的全球传播极为方便。企业利用国际转播的赛事赞助和广告提高其国际知名度已经成为赞助产业发展的重要动力。

**(三) 体育产业全球化趋势下的体育营销策略**

体育产业全球化的经营环境下,各国体育产品贸易壁垒和资本流动壁垒的降低,推动了体育资源全球性流动,也意味着全球性体育市场的逐步形成,体育营销者面对的是全球性的竞争。即使是仅在国内市场经营的企业也不可避免地受到来自国外体育经营者的影响和冲击。中国篮球球迷将美国篮球职业联赛(NBA)作为观看的首选,而中国本土的中职业篮球联赛(CBA)则只能位居其次。2011年NBA停摆期间,部分NBA球员来到中国。NBA球员的到来给中职业篮球联赛(CBA)吸引了人气,带来了更精彩的表演,但也在考验着这些联赛原有的秩序和职业俱乐部的管理。

体育全球化的趋势下,体育营销者首先需要更新观念,树立全球竞争意识,需要有一个全球化营销战略。在全球范围内寻求最佳的市场机会和竞争优势,充分关注各国不同市场的环境差异,提升自身的国际竞争力。

### 二、互联网发展下的体育营销

中国国务院新闻办公室在2010年6月8日发表了名为《中国互联网状况》的白皮书。根据这一官方文件的统计数据,截至2009年底,中国拥有3.84亿网民,其中未成年人约占1/3,是中国网民中最大的群体。《中国互联网状况》白皮书中指出:"互联网是人类智慧的结晶,20世纪的重大科技发明,当代先进生产力的重要标志。互联网深刻影响着世界经济、政治、文化和社会的发展,促进了社会生产生活和信息传播的变革。"

同样,网互联网技术也正在对体育营销领域产生着深刻的影响。互联网让观众可以通过网络转播观看比赛;可以通过网上销售平台购买门票和各类体育用品;可以通过论坛发表自己对赛事的评论;可以通过网络和自己喜欢的球星进行互动。互联网让体育消费者拥有了与体育更广阔、更便利和更主动的接触机会。

互联网技术对体育营销者的营销策略产生了重要的影响。互联网技术为体育营销和其目标消费者提供了更多的接触机会,为产品定制提供了更便利的条件,给体育营销者带来了精准、灵活、深度和互动的促销方式,带来了成本相对低廉、更加便利的网络销售渠道,也让体育营销者面临价格体系的挑战和调整。

### 三、体育产业娱乐化趋势下的体育营销

当今,职业体育逐渐与娱乐业合流,已经成为一种以体育为主题的娱乐产品。美国网球协会CEO Arien Kantarian就坚持认为美国网球协会,尤其是美国网球公开赛,就是一项娱乐产业。在美网中,体育和娱乐界一直都在密切合作。

体育产业的发展让体育正在成为一种生活方式,成为人们重要的休闲消费方式。比赛的观赏性成为人们选择的重要标准。竞技水平是比赛观赏性的必要条件,但除此之外,还有明星效应、拉拉队、比赛现场主持人和球迷互动活动等方式。体育营销者要学会运用更多的手段提高比赛的观赏性。

# 本 章 小 结

广义的体育营销包括两种含义,第一种含义是体育的营销,具体是指体育产品的营销。第二种含义是通过体育的营销,具体是指企业将体育作为促销产品的一种营销手段。狭义的体育营销就是特指体育的营销。

在体育营销中最核心的元素主要有:体育产品、体育经营者、体育消费者和消费回报。这些核心元素共同构成了体育营销的交换系统。体育营销已经成为一个独立的理论学科。体育营销相对于其他领域的营销具有其特点。

体育产业的迅速发展推动了体育营销的兴起,体育营销者需要秉承以市场为导向的体育营

销哲学。体育经营者在进行体育营销的计划过程中,一般要经历明确营销目标、内外部环境分析、战略制定和实施、战术制定和实施及其营销评估等环节。

体育产业全球化趋势、互联网技术的发展和体育产业娱乐化都对体育营销者提出了新的要求。

## 思考题

1. 什么是体育营销?
2. 体育交换关系是怎样构成的?
3. 市场为导向的营销观念有哪些主要特征?
4. 我国的体育产业发展呈现哪些趋势?

# 第二章 体育营销环境分析

**本章要点**

- SWOT 分析
- 体育经营者的外部宏观环境因素
- 行业竞争环境因素
- 体育消费者行为
- 体育组织的核心资源

## 案例导读

### 意大利对 2020 年奥运会说"不",罗马被迫放弃申办

意大利前总理蒙蒂在 2012 年情人节这天做出了一个无情的决定。他以"对纳税人负责"为由,拒绝代表政府为罗马申办 2020 年奥运会提供担保。罗马与这一体育盛会的约会被迫提前取消。

蒙蒂 14 日在意大利政府内阁会议结束后对外宣布了这一决定。他说:"我们认真研究了申办计划,并达成一致结论:鉴于意大利目前的经济状况,为罗马申办奥运会提供担保是不负责任的。我们不能拿纳税人的钱来冒险。"

意大利政府的这一决定直接宣布罗马退出 2020 年奥运会申办大战。根据国际奥委会规定,奥运会申办城市必须要得到所在国政府的担保,否则没有资格申办。15 日将是他们递交申办标书的截止日期。

经济学家蒙蒂 2011 年接替辞职的贝卢斯科尼就任意大利总理。为了应对欧债危机,他致力于经济改革,出台一系列紧缩政策,减少公共开支。罗马的 2020 年奥运会一揽子计划预计要花费 125 亿美元,最近意大利几次民意调查显示,公众对罗马申奥支持率日渐走低,越来越多的纳税人希望政府把有限的资金用于改善民生。蒙蒂政府的决定顺乎民意。

据悉,国际奥委会将于 2012 年 5 月评选申办 2020 年奥运会的最后入围城市名单,2013 年 9 月份在布宜诺斯艾利斯最终投票决定举办城市。目前决定申办 2020 年夏季奥运会的城市有东京、马德里、伊斯坦布尔、巴库和多哈 5 个城市。

资料来源:新浪网 http://roll.news.eastday.com/dfw/c7/2012/0215/3801587473.html

## 第一节 营销环境和营销活动

营销环境是指影响体育营销者市场营销活动的所有因素和条件的组合。当今的体育市场环境要求体育营销者要以消费者需求为出发点和中心，清楚地认识环境及其变化，发现消费者需求并比竞争对手更好地满足消费者需求。否则，就会被无情的市场竞争所淘汰。体育营销者营销活动的成功取决于体育营销者对环境的洞察和适应，并善于运用创新的对策去应对变化的营销环境。

根据营销环境对体育营销者市场营销活动发生影响的方式和程度，可将市场营销环境分为外部市场营销环境和内部营销环境。

外部市场营销环境又可分为两大类：威胁和机遇。内部环境可以分为优势(S)和劣势(W)（表2-1）。

表2-1 SWOT分析矩阵

| 外部分析 | 优势(S) | 劣势(W) |
| --- | --- | --- |
| 机会(O)<br>（列出机会） | SO 战略<br>发挥优势<br>利用机会 | WO 战略<br>克服劣势<br>利用机会 |
| 威胁(T)<br>（列出威胁） | ST 战略<br>发挥优势<br>回避威胁 | WT 战略<br>克服劣势<br>回避威胁 |

体育营销者可以用SWOT分析工具进行内外部环境分析。如表2-1所示，体育营销者可以绘制一个以外部机会威胁和内部优劣势为两个维度的SWOT矩阵，在矩阵中分别列出实现营销目标所面临的环境中的机会(O)、威胁(T)和内部的优势(S)和劣势(W)，并针对自己所处的不同环境状况制定、执行相应的营销战略。

## 第二节 外部环境

体育营销者的外部环境主要由宏观环境、行业竞争环境和消费环境构成。

### 一、宏观环境

影响体育营销者的宏观环境包括：自然环境、技术环境、政治法律环境、社会文化环境、经济环境和人文环境等因素。

#### （一）自然环境

自然环境是指对体育营销有显著影响的地理和气候等自然条件。体育与自然环境从来就有着千丝万缕的联系。山川湖泊、平原旷野为体育活动提供场所，冷暖寒暑、春夏秋冬也影响运动项目的季节性。体育项目的开展具有一定地域特征。近年来，从地理视角观察体育运动行为已经成为人文地理学研究的一个独特领域。

自然环境对体育运动的影响体现在以下方面：首先，一个地区的气候、地形等自然环境决定了这一地区人们观看和从事体育的种类，也影响实物型体育产品在不同区域中的销售情况。例如，滑真冰是中国北方学校冬季的体育课的重要内容。而中国北方也是滑雪相关的实物型体育产品的重点销售区域。其次，一些体育项目的开展需要借助一定的自然环境。例如，滑雪往往需要在寒冷的北方进行，而冲浪需要在海边进行，山地运动需要有山地环境。依托丰富山地旅游资源，云南成为我国户外运动大省。再者，很多运动具有明显的季节性特点。游泳是夏季的热门运动项目，而滑雪则往往被视为冬季项目。最后，随着各国政府和公众对环境保护意识的增强，一些体育运动带来的环境问题会限制该项运动的推广。例如，许多高尔夫场地管理集团已受到环境保护者的抵制，为了保持高尔夫球场的绿色而使用的磷酸盐类化学物质会造成环境的污染，而在中国这样土地资源有限的国家，高尔夫场地兴建受到政府的严格控制。一些动物保护团体对钓鱼狩猎行为的谴责也限制了开展该类运动的范围。

随着技术的进步，体育营销者试图控制自然环境，以突破自然环境对体育运动的限制。例如，在炎热的南方兴建室内滑雪场，以满足滑雪爱好者的需求。自从卡塔尔成功申办2022年世界杯以来，关于球员和球迷如何在当地酷热潮湿的夏季天气下享受世界杯的争论一直没有间断。而卡塔尔主办方表示，他们将通过在所有球场安装空调系统等方式，保证温度在可控范围内。同样，1997年，澳大利亚网球公开赛中，为了抵挡当地热浪袭击，保证比赛的顺利进行和观众的观赛体验，比赛中关闭了赛场中心的房顶，并对气温进行调节。现代科学技术的发展让人类体育运动对于自然环境的依赖性正在逐步减弱。

**（二）技术环境**

改变人类生活最引人注意的因素之一是技术。技术代表了最迅速变化的环境影响。新的技术每天都在影响着体育营销领域。

技术进步帮助体育营销者开发新体育产品，提高体育产品质量、创新营销手段和技巧，从而给体育消费者带来消费行为的变化和更美好的体育消费体验。

体育场的技术革命和体育装备的技术创新提高了运动员的竞技水平和表现。动态的体育场标志提高了场馆的标志物形象。场内动态电子广告牌提高了赞助商赞助效果。比赛场地使用大型LED屏幕提高现场的观看质量和娱乐性。高科技的摄影技术让媒体转播的画面更加精彩。福克斯新闻网所采用的闪光灯能够跟得上以每小时100英里速度击出的冰球，使观众更容易跟随电视转播的冰球赛。ESPN在报道世界院校系列比赛中采用了面罩摄像机。这项技术是将一个小型的摄像镜头放置在裁判员的面罩里，从而使球迷更容易跟上运动员的动作。鹰眼技术提高了裁判的判断准确率，提高比赛的公正性。场馆可开启式顶棚、场内的无线网络、手持式购物终端和投票器等现代技术的应用，让消费者获得了更加愉悦的观赛体验。

新媒体的出现增加了观众观看体育比赛的渠道。除了传统的电视、报纸、广播等途径外，互联网、手机终端和移动公交媒体已经成为人们观看比赛，获取体育信息的重要途径。1995年，AudioNet有限公司（www.Audionet.Com）开始通过因特网向体育迷实况转播赛事。美国橄榄球联赛在2000年赛季，提供了所有比赛的音频网络传播。在2000年夏季奥运会开幕式期间，奥运会官方网站吸引了至少72亿访问者。根据CTR市场研究股份有限公司在奥运会期间对中国16个城市收视媒介选择的调查显示，在奥运会期间，传统电视媒体以96%的被选比例名列大众观看奥运会媒介第一位。而广播和互联网分别以22%和17%的被选比例名列第二、三位。由于奥运会期间很多体育赛事都在白天进行，对于上班族以及外出人群来说，能够在户外看到奥运会的公交电视就成为一种新选择。因此，公交媒体则以13%的选择比例位列第四，在北京、上海、广州三大核心城市，公交电视收看奥运的平均比例达到17%，明显高于其他城市。在北京，选择通过公交电视看奥运会的比例更达到了22%。公交媒体成为奥运会期间大众观看奥运会体育赛事的媒介新亮点。

因特网站已经成为体育职业俱乐部普遍采用的营销工具,通过网站保持和球迷群体的互动,有效提高球迷的满意度和忠诚度。

互联网、电子票和街头售卖机让消费者增加了购买门票渠道,降低了购买的时间成本。旧金山巨人队(San Francisco Giant)单场比赛门票大约有50%是通过网上购得,大约15%的季票的出售是在网上进行。

气垫鞋、快干衣等实物型体育产品的技术创新,让体育消费者获得更完美的运动体验和舒适感。

运动队和联盟已经与高新科技公司形成了合作伙伴关系。NBA与英特尔公司达成发展和分销NBA互动内容的协议,NBA联盟领导人David Stern说:"通过与英特尔公司的这个协议,我们相信我们实质上是为体育和娱乐未来传递的新途径开辟了一个处方,给体育迷提供了接触新互动媒体的机会。例如,在请求下可从我们档案馆得到定制的日常精彩表演和古典电影胶片,这使我们能够根据用户的经历来提供个性化的服务。"

### (三) 政治法律环境

体育营销决策在很大程度上受政治与法律环境变化的影响。政治与法律环境是由影响和制约体育营销者的政策、法律、政府机构和公众利益集团构成的。

政府政策直接影响体育产业的发展。政府体育管理体制是影响体育产业的重要因素。中国的举国体制决定了大部分的体育资源所有权属于政府。政策与政府资金支持对许多种体育项目的发展至关重要。政府的变更经常会导致体育领域新政策的产生。例如,澳大利亚体育委员会是贯彻政府政策的责任机构,澳大利亚体育委员会的政策会根据不同的政府而有所调整。政府的公共政策目标也将影响政府对于体育的投入。自1953年以来,美国大多数职业俱乐部的体育场是由市政府出资建设的,因为这些城市的政府相信这些隶属于私人的职业队可以带动城市的发展,提高市民的自豪感、城市认同感和归属感。自1980年以来,美国很多城市都设置了体育委员会,以吸引更多的体育赛事。当今,美国的体育委员会已经从10个增加到150个之多,各地的体育委员会之间展开了激烈的竞争。

政府部门利用立法及各种法律法规表达自己的意志,并对体育营销者的行为予以指导和控制。涉及体育的相关立法变动都可能改变体育产业的格局。最著名的案例是美国第九条法令对美国女性参与体育运动的推进作用。1972年,美国总统理查德·尼克松颁布了教育法修正案第九条法令。该法令规定任何人都不应该因为性别的原因被排除在由联邦资助的教育和活动计划之外,不能被剥夺由这个计划和活动提供的待遇,也不能由于性别原因受到这个计划和活动的歧视。教育法修正案第九条的通过和实施给美国女性体育发展带来巨大的影响。据有关专家估计,1972年参加大学正式体育队的女性不到3万人,如今已超过了15万人。1972年参与体育运动的高中女生不到30万人,如今已有300多万人。庞大的女性体育行为形成了庞大的女性体育细分市场。

职业体育的反垄断豁免一直是各国法律领域重要议题。美国、德国、欧盟等国家和地区都将职业体育不同程度地纳入反垄断豁免制度。在美国职业体育发展之初,职业体育联盟、电视转播权和球员转会等制度就遭遇了以维护经济自由为宗旨的反托拉斯法的审查。在司法机构承认俱乐部以及小联盟之间的自由竞争并不利于自身的稳定发展,同样也不利于整个职业体育的发展后,美国在20世纪初对职业体育联盟予以反垄断豁免。此后,美国国会还在1961年制定的体育运动广播法中明确规定,任何职业联合会包括足球、棒球、篮球和曲棍球联合会签订的广播权转让协议、职业足球联盟的合并行为不适用反垄断法。这让职业体育联盟避免了成员球队之间的激烈竞争，获得了和媒体谈判的优势地位，从而保障了联盟的利益。

健全的法律环境可以对体育品牌的所用权及其相关权利进行有效保护，促进体育产业的健康发展。著名的体育品牌都是体育营销者不断营销的结果，需要体育营销者长期的智力和财力投入。奥运会、世界杯、F1、NBA、耐克等著名体育品牌已经经历了几十年，甚至上百年的历史才达到现在的状态。因此，体育品牌是体育营销者的重要资产。体育营销者都积极地对其品牌进行保护。各国政府也积极对体育无形资产进行保护。例如，我国专门针对体育领域的主要法律有《体育法》和其他体育类法规。中国申办奥运会成功后，为了强化对奥运会无形资产的保护，国务院又出台了《保护奥林匹克标志条例》。该条例对奥林匹克五环标志、奥林匹克旗、奥林匹克格言、奥林匹克徽记、奥林匹克会歌、奥林匹克、奥林匹亚、奥林匹克运动会及其简称等专有名称专门做出了保护规定。北京市政府还特别制定了《北京市奥林匹克知识产权保护规定》。根据《保护奥林匹克标志条例》的规定，非奥运会赞助企业在广告或其他商业宣传中不得使用奥林匹克标志，任何隐性市场行为都将被视为侵权行为。

体育公众利益集团是指代表一定公众利益的民间社团组织，各类非商业性的体育联盟都是体育公众利益集团。这些体育联盟对该项目的体育和体育营销实践具有巨大的控制力。例如，国际足联是全球足球联合会。国际足联负责维护一套完整的足球规则，并监督国际竞赛以确保比赛按比赛规则和规章进行。国际足联不仅规范比赛自身，而且也控制并影响着比赛之外的许多方面。例如，国际足联承诺为全球球迷改善体育场的条件并保护他们免受门票价格上涨的影响。国际足联还不允许在电视转播期间把广告添加在赛场上。国际奥委会也有清洁赛事的规定。这些体育公众利益集团都对体育营销者有引导或抑制的作用，构成对体育营销者的营销行为和市场地位的压力。

**（四）社会文化环境**

社会文化深远地影响着体育消费者的生活方式和行为模式。社会文化基本上可以分成三大要素：物质文化、关系文化和观念文化。而以价值观为内核的观念文化是最深沉的核心文化，具有高度的连续性，不会轻易改变。价值是确认一个社会的成员所希望的东西的普遍接受的信仰。价值观对体育消费者的生活方式和行为模式影响最大。

不同的体育价值观会影响体育观看和参与行为。例如，东西方人在体育价值观上，就存在很大的不同。体育在西方核心价值体系中的地位要高于体育在东方核心价值体系中的位置。西方人更强调人体的"力"与"美"，更加追求健美的身体，更乐于观看比赛和参与体育运动。

不同国度的体育文化具有差异性。体育文化会影响体育消费者的体育运动偏好。美国人视棒球为国球，ESPN在一系列的促销美国职业棒球大联盟的报道棒球的电视广告中就充分体现了这种价值观。这些广告的口号是"这是棒球——你是美国人——观看它吧"。而英格兰、巴西和西班牙则是一个热爱足球的民族。在这些国家存在大规模的球迷群体。而中国传统体育文化中注重养生，因此中国的健身俱乐部的养生课程受到广泛欢迎。

不断涌现的社会文化潮流还会带动某些体育运动的兴衰。个人主义带动了极限运动的兴起。中国文化热让太极等中国功夫在国外得到更快地传播。重新强调家庭的价值，让家庭篮球参与人数在不断地增长，也带动了比赛中家庭票的销售。耐克公司的崛起正是源于美国20世纪70年代的慢跑热。20世纪70年代初期，慢跑在美国逐渐兴起，当时在美国运动鞋市场占据统治地位的阿迪达斯公司和彪马公司却没有主动适应这一发展趋势，而耐克开发了满足慢跑需求的、穿着舒适、象征健康年轻的跑鞋，从而成为实物型体育产品市场上的一匹黑马。

## (五)经济环境

经济环境包括很多宏观和微观的经济因素。其中,经济周期和消费者收入等因素对体育营销的影响较为显著。

经济周期是指经济运行中周期性出现的经济扩张与经济紧缩交替更迭、循环往复的一种现象。一般来讲,一个完整的经济周期包括繁荣、衰退、萧条和复苏4个阶段。不同阶段的经济运行情况都是不一样的,不同阶段中体育消费情况也是不同的。经济繁荣阶段是经济的顶峰阶段,在该阶段中,经济增长率高,失业率低,居民收入高。萧条期是经济周期的最低谷阶段,在该阶段中,生产萎缩,经济增长停滞,居民收入减少,失业率高,大量工厂破产倒闭,失业率增大。衰退和复苏阶段是繁荣和萧条期的过渡阶段。在经济繁荣和复苏阶段,收入的增加和对经济前景的信心,让消费者的体育消费增加,体育营销者因此可以获得较高的收入和利润。在萧条期或衰退期,收入的减少和对经济前景信心的不足,消费者会降低对体育产品的需求。因此,在该阶段体育消费最低,体育营销者的收入和盈利水平也都将降低。

在2008年经济危机中,经济衰退和萧条给世界职业体育圈带来的影响还历历在目。2008年10月15日,NBA总裁大卫·斯特恩宣布,迫于次贷危机引起的美国经济萧条,NBA将在美国裁员80人,成为美国本土首家因此次金融危机裁员的体育组织。为了提高惨淡的上座率,不少球队只能推出门票折扣。职业棒球大联盟(MLB)在2008年赛季的观众人数开始回落。除了观众人数减少,许多媒体也纷纷缩减对MLB赛事的报道量。国家美式足球联盟(NFL)在达拉斯和纽约兴建的新球场受到经济衰退的影响大大削减工程预算。国际汽联主席马克斯·莫斯利也在日内瓦与10家车队老板会晤,商讨大幅削减开支事宜。英超足球联赛也受到2008年经济危机的强烈冲击。因切尔西的投资方持股的股价在暴跌的俄罗斯股市大幅缩水,令球队在转会市场难以作为。而曼联胸前广告的主赞助商正是在2008年经济危机中被美国政府紧急接管的AIG(美国国际集团)。位于伦敦的西汉姆联队的胸前广告主赞助商XL航空旅游公司因金融风暴的连锁反应而倒闭,球队不得不"裸身"参加英超。随后,2007年刚买下该俱乐部的冰岛富翁古德姆森也因为金融风暴导致其持有大量股份的冰岛银行破产,不得不公开叫卖西汉姆,以求从海外撤资。而利物浦、阿森纳、纽卡斯尔等俱乐部也受到不同程度的影响。

2008年经济危机不仅波及职业联赛,连NCAA(全美大学体育协会)的诸多赛事也颇受影响。虽然体育占据美国大学开支的5%,但是随着美国不少大学陷入经济危机,体育赛事成为节流主项。NCAA就通过规定比赛地在400英里内球队只能乘长途汽车前往等一系列措施节约运动员差旅费。

全球经济危机使更多的体育营销者意识到新兴国家市场的重要性,也加快其全球战略的步伐,越来越多国际赛事开始关注和涉足新兴市场。

消费者收入水平是消费者购买能力的源泉,只有具备支付能力的欲望才是现实的市场需求。消费者各类收入水平的高低制约了消费者体育支出的多少,从而影响了体育市场规模的大小。消费者收入也是消费者或家庭消费结构的决定性因素。随着消费者个人收入的增加,消费者的体育消费比例会有所增加。

## (六)人文环境

体育市场是由有购买愿望并且具备购买能力的人构成。人的需求正是体育营销者营销活动的基础。因此,对人口环境的考察是体育营销者把握体育需求动态的关键。人口的数量和购买能力决定了体育市场的规模。而人口的分布、结构及变动趋势则影响体育消费能力。

目前,世界人口已超过60亿,并且以每年大约7 600万人的增长率增长,并将在2025年达到79亿以上。世界人口的迅速增长意味着人类需求的增长和世界市场的扩大。现阶段,新兴市场国家被誉为最有潜力的市场,因为这些国家不仅近年来经济发展迅速,而且也因为它的人口数量庞大且增长较快。对体育营销者来说,这是一个广阔的新市场。而发达国家的人口出生率呈现下降,甚至出现负增长。这导致这些国家的体育市场需求增长缓慢,甚至开始萎缩。这也促使各类体育组织纷纷开始关注新兴市场国家。

人口的性别构成与体育市场需求的关系密切。男性和女性在生理、心理、社会角色上的差异决定了他们在体育消费内容和特点上的不同。

年龄是用于细分消费者市场和目标群体最普遍的一个变量。体育营销者需要关注消费者年龄结构的变化。不同的年龄结构决定了不同的体育需求水平和需求结构。中青年结构比例高的社会的体育需求相对旺盛。中青年群体是高激烈程度的足球、篮球等项目的主要观看和参与群体。相反,老年人比例高的社会体育需求水平相对低,而对钓鱼、高尔夫等相对舒缓的项目观看和参与需求旺盛。人口的文化素质对市场消费需求的影响亦不能忽视。一般来说,随着受教育人数和受教育水平的提高,市场将增加对优质高档体育用品、体育旅游等体育产品的需求,而且人们的体育产品需求会更加追求个性化和多样化。此外,企业采用的营销手段及其效果也因目标顾客的受教育程度而异。

职业是消费者的社会角色。不同的职业往往和相应的收入水平联系在一起,直接制约消费者的购买能力。特定的职业常常和一定的生活方式相联系,进而影响体育消费方式和体育消费习惯。即使收入水平相同,蓝领阶层和白领阶层的消费兴趣也不尽相同。曼彻斯特作为英国工业革命的中心之一,工人阶级占据了城市人口的绝大多数,这为足球这项平民运动的发展提供了良好的环境和基础。

在不同传统民族文化的影响下,形成了不同的民族传统体育。这些民族传统体育内容有鲜明的民族性。以不同民族消费者为目标顾客的体育营销者必须尊重民族文化,理解每个民族都有特殊的需求和消费习惯。例如,英格兰民族是足球的爱好者,而美利坚民族则更偏好橄榄球。不过随着新移民的增加,特别是西班牙裔移民数量的扩大,足球在美国也越来越受到欢迎。

人口密度和人口分布状况是反映市场需求的重要指标。世界人口的80%集中在发展中国家。近几十年来,世界人口"城市化"是普遍存在的现象,有些国家的城市人口高达70%～80%。而城市化和体育运动的普及有着密切的关系。英国城市化是英国职业足球的发展的重要推动力量。例如,利物浦、曼彻斯特等城市足球俱乐部的起源与发展和城市的发展息息相关。但近年来,在一些发达国家,与城市化倾向相反,出现了城市人口向郊区及卫星小城镇转移的"城市空心化"趋势。人口流动现象也造成了体育需求的相应变化。中国城市化进程的加快催生了大量的市民阶层,城市人口密度也在上升。这些都将促进中国城市体育需求的扩大。

## 二、体育行业竞争环境

体育行业竞争环境泛指体育营销者所处的行业竞争整体情况。具体来讲,行业竞争环境分析包括对和体育营销者满足同类需求的直接竞争对手、替代品、体育营销者的上下游企业、体育消费者、潜在进入者等对体育营销者营销有最直接影响的外部因素的分析。体育营销者要密切关注这5种力量的变化。因为这5种力量的变化将影响体育营销者的经营行为和经营结果(图2-1)。

如图2-1所示,体育营销者的竞争压力来自于行业里满足同类需求的直接竞争对手的竞争强度,消费者议价能力,替代品的威胁,上下游企业议价能力和新进入者的威胁。

### (一) 直接竞争压力

任何体育营销者都不大可能单独服务于某一体育市场。体育营销者在某一体育市场上的营

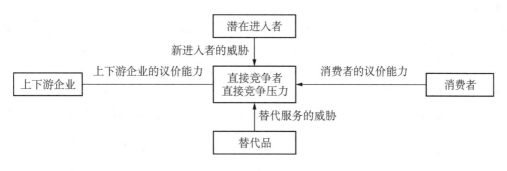

图 2-1 行业竞争力量模型

销努力总会遇到其他体育营销者类似努力的包围或影响。这些和体育营销者争夺同一目标顾客的力量就是体育营销者的直接竞争者。直接竞争者带来的竞争压力是竞争中最常见和最直接的。例如,一个体育消费者是足球运动的爱好者,不过这个体育消费者特别偏好收看英超的比赛。而同时,可以满足该消费者的足球比赛观看需求的体育营销者还有西班牙足球甲级联赛、意大利足球甲级联赛、德国足球甲级联赛、中超。显然,英超在和这些直接竞争对手的竞争中赢得了消费者的青睐。

直接竞争对手将展开对赞助资金、观众、会员和消费预算的激烈竞争。直接竞争压力的大小取决于直接竞争对手的实力、数量、地理位置和行业退出壁垒。直接竞争对手的实力越强、数量越多、地理位置越接近和行业退出壁垒越高则竞争压力越大。很多职业体育联盟为了保障联盟内部俱乐部的收益和利润率,避免俱乐部之间的过度竞争,都对联盟内的俱乐部数量和地域分布进行了严格的限定。例如,NBA 通过交纳高额的入门费、对训练和比赛的设施苛刻的规定、市场经营开发能力的要求和严格的审批程序等措施将联盟内球队的数量控制在 30 支之内。在地域分布上,NBA 对其成员球队的迁移行动予以限制,NBA 球队经过数次调整搬迁后,呈现相对均匀地分布。现在,NBA 将美国划分为 6 个分区,每个分区都有 5 支球队。NBA 对于联盟球队数量和地域分布的控制避免了球队之间的过度竞争,从而保障了各球队的收益和利润率。

体育营销者要在激烈的体育市场竞争中获得营销的成功,就必须比其竞争对手更有效地满足目标顾客的需求。因此,除了发现并迎合消费者的需求外,识别自己的竞争对手,时刻关注他们,并随时对其行为做出反应亦是成败的关键。

**(二) 消费者议价能力**

体育消费者包括观众、体育参与者、会员、赞助商和转播媒体等。在特定体育市场上体育消费者总是很有限的。体育消费者会迫使体育营销者降低价格,提高产品质量。因为联盟对于俱乐部数量和地域的控制,甚至在有些体育联盟中,门票和俱乐部会费基本一致,观众的议价力量较弱。但是赞助商和媒体的议价力量则相对强大。随着俱乐部数量和比赛数量的增多,赞助商在谈判中获得了多数的主动权。而媒体的数量相对有限也提高了他们的议价能力。在中国市场的垄断地位让 CCTV-5 在和各类体育营销者的谈判中占据绝对的主动权。在 1993~1998 年,NBA 最初进入中国市场的 5 年间,一直是向央视免费提供节目内容及节目信号的,到东西部明星赛和总决赛时,NBA 还会出钱请中央电视台的转播小组到美国去进行现场直播。

**(三) 替代品的威胁**

另一个重要的竞争压力来自体育产品的替代品,即提供与消费该项体育产品的利益相似的其他娱乐和休闲活动。例如,足球观众同样可以通过橄榄球比赛、电影、电视剧、动漫卡通、卡拉OK、音乐会和网络游戏等产品满足自己的休闲娱乐需求,从而对足球竞赛表演产品进行替代。

同样是健身的需求,消费者也可以在篮球课程和网球课程之间进行选择。而赞助商和媒体可以通过赞助和转播音乐会、文艺表演等形式吸引注意力。这些产品和服务都构成了对体育营销者的替代威胁。体育营销者需要密切关注替代品的发展变化,发掘自身的独特魅力和替代品差异性,以吸引维持目标消费者,提高消费者的忠诚度。

### (四) 上下游议价能力

上下游是指体育营销者的供应商和渠道商。上下游的议价能力受到其规模、行业结构和行业进出壁垒等多种因素的影响。上下游规模越大、行业集中度越高、进出壁垒越高的上下游议价能力越高。

体育营销者要向市场提供产品,就需要购买生产要素,组织生产。而产品生产出来后可能还需要依靠中介渠道将产品供应给最终的顾客和用户。例如,一场体育比赛需要一系列的生产要素投入,这些生产要素包括运动员、资金、场馆设备、交通、餐饮、信息服务、物流服务、推广营销服务和现场管理等。而票务代理服务商和赛事经纪服务公司则是赛事的渠道商。体育经纪公司也是重要的体育营销者的上下游环节,IMG等实力雄厚的体育经纪公司会对体育营销者的行为产生显著的影响。

对于体育联盟,最重要的供应商是比赛运动员。运动员的议价能力体现在和联盟或者俱乐部薪资的谈判中。2011年,NBA的停摆就是运动员工会和NBA投资方之间的一次较量。2011年11月26日下午,NBA劳资双方才最终达成协议,结束了历时149天的停摆,这使NBA 2011赛季共损失240场比赛。而这次NBA停摆的主要原因就在于球员工会对于新版劳资协议中限制球员薪水的不满。停摆前,NBA球员工会就正式向美国劳动仲裁结构提交诉讼,控告NBA在劳资谈判中采用威胁等不正当手段,逼迫球员工会签订明显损害球员利益的新劳资协议。这次停摆并不是NBA历史上第一次,NBA曾多次面对停摆危机。而每次的停摆都是由运动员和俱乐部投资方的矛盾导致。可见,在职业联盟中,运动员作为俱乐部经营者的上游供应商,具有很强的议价能力。

到2003～2004赛季,20家英超俱乐部的总产值达13亿英镑。在足球产业化浪潮的冲击下,英国一些大型银行、律师以及会计公司都纷纷改变内部部门设置,设立专门的体育部门,主要就是为了和足球俱乐部洽谈业务。曼联俱乐部有员工500多人,而教练、队员以及队医按摩师等直接为球队比赛服务的还不到50人,其他的都是非竞技足球专业服务人才。这些上游企业和服务人员为观赏型体育产品的生产提供了更好、更专业的服务。

对于实物型体育产品商耐克来讲,其分别在中国和东南亚的OEM厂商是其上游供应商,而其授权的专卖店则是其下游渠道。

### (五) 新进入者的威胁

新竞争对手的进入会减少现有营销者的利润以及既定的市场份额。所以设立进入壁垒,避免新进入者是体育营销者普遍采用的竞争策略。对于实物型体育产品公司和参与型体育营销者来讲,树立品牌、技术创新都是有效地进入壁垒的策略。而对于观赏性产品的体育营销者来讲,通过联盟的准入限制和限制球员自由流动是避免新进入者的有效途径。美国的四大联盟规定新成员的加入需要获得联盟3/4的成员俱乐部投票同意,这使得新成员的加入变得非常困难。从美国四大职业体育联盟的情况看,都是通过准入限制将联盟内成员俱乐部的数量控制在很低的水平。

## 三、体育消费者

体育消费者是体育营销者的服务对象,是体育产品的直接购买者或使用者。体育消费者的需求是体育营销者营销努力的起点和核心。成功的营销决策需要大量关于消费者行为的知识。

深入了解消费者,对于确立体育营销者的竞争优势十分关键。因此,认真分析体育消费者需求的特点和变化趋势是体育营销者极其重要的基础工作。

体育消费者包括个体体育消费者和组织体育消费者。个体体育消费者是指为个人目的购买或使用体育产品的个体成员,例如家庭和自然人。而组织体育消费者是指以再销售为目的购买或使用体育产品的组织成员,例如媒体和赞助商等。

### (一) 体育消费者决策过程

体育消费者决策是指消费者谨慎地评价体育产品、品牌或服务的属性,并进行理性的选择的过程。体育消费者决策过程也是用最少的成本购买来满足某一特定需要的体育产品的过程。决策过程包括问题认知、搜集信息、评价备选方案、购买决策和购后评价等5个阶段(图2-2)。

**图 2-2 消费者决策过程**

体育消费者决策过程依据不同的消费介入程度而不同。体育消费者的购买介入程度由低到高变化时,其决策过程也随之完整化和复杂化。体育消费者的购买介入是指体育消费者对决策过程关心或感兴趣的程度。买羽毛球往往是一种习惯性的购买,并不要求很多的决策介入,因此体育消费者的决策往往会跳过信息搜集和评价备选方案阶段。但是购买第一副羽毛球拍通常是一个更花时间的过程。昂贵的俱乐部会费使会员资格的购买成为高介入的购买,体育消费的决策过程会更加复杂和完整。

1. **问题认知** 问题认知是体育消费者决策过程的第一阶段。体育消费者购买决策往往是为了解决他正面临的某些问题。例如,亚健康状态、体重超标、工作生活压力过大、无聊空虚、缺乏成就感和归属感等。问题认知是体育消费者的理想状态与实际状态之间的差距达到一定程度并足以激发消费决策过程的结果。实际状态是指体育消费者对他(她)当前的感受及处境的认知。理想状态是指体育消费者当前想达到或理想的状态。这些理想和现实的差距常被作为支配购买行为的问题而被认知。比如,一个消费者希望自己体重符合标准,可现实是这位消费者的体重超重10千克,而且该消费者已经意识到超重可能让他面临各类潜在的健康问题。那么这个消费者已经认识到超重的体重是个问题,并为此感到担心和焦虑,这些情绪会让该消费者认真思考并通过一定的体育锻炼来解决问题。

体育营销者首先需要了解目标消费者面临的问题是什么?其次,他们要知道如何运用营销组合帮助消费者解决这些问题?最后,体育营销者还要通过影响消费者的理想状态来激发消费者对各种消费问题的认识。

2. **搜集信息** 体育消费者一旦认识某个问题后,会试图去解决这些问题,于是就会开始进行内部和外部信息搜集。内部信息是指消费者自身的消费经验,是消费者获得的有关产品的直接经验。外部信息是指消费者之外信息源的信息。外部信息一般包括以下几类:第1类,来自朋友、邻居、亲戚,甚至越来越多的因特网上的各类论坛和陌生球迷的口碑类体育信息。第2类,从专业体育电视频道、杂志及体育资讯网站所获得的公共体育信息。第3类,借助体育营销者的广告、官网、产品展示和销售人员等呈现的商业性体育信息。不同的外部信息源对于体育消费者的可信度是不同的,口碑信息和公共体育信息的可信度要更高。因此,对于体育营销者来讲需要特别重视公共关系。

体育消费者的信息搜集需要花费时间、精力和金钱。信息搜集的努力程度取决于购买的介入程度。例如,对某项运动(比如登山运动)有着很高介入的人总是倾向于搜集与登山相关的产品信息,尽管他们并非对自己现有的登山用品有任何不满。这种搜寻涉及看《登山杂志》上的广告、逛户外用品商店、上户外用品网站或观察并与其他登山爱好者交谈。这些活动既让个体觉得乐趣无穷,又为将来积累了不少可用的信息。

3. 评价备选方案　信息搜索后,体育消费者会生成一些备选的体育产品或者品牌。购买评价是体育消费者对备选的体育产品或者品牌的一个或者多个属性带来的消费利益的比较。体育产品的一些属性和消费利益就是消费者的评价标准。如在决定购买俱乐部会籍前,体育消费者会关心价格、环境、服务、便利性等因素。这些因素就是体育消费者选择俱乐部的评价标准。不同评价标准的重要性是不同的,对一些价格敏感的体育消费者来讲,价格是比较关键的;而对另一些价格不敏感的消费者,环境和便利性则更为重要。体育消费者在决策过程中会对每一标准赋予不同的权重。在综合考虑评价标准和各自权重后,会对各个备选方案产生一种判断和偏好。

对于体育营销者来讲,可以根据体育消费者评价标准的不同权重来细分市场。例如,高端的健身俱乐部可以定位在重视环境和服务的体育消费群,努力提供优质服务和消费体验;而针对价格敏感的消费群的健身俱乐部要加强成本管理,以获得价格折扣的空间。

在评价阶段,消费者会形成某种购买意向。但是仍然会有两种因素会影响到消费者是否会进入最终的购买决策阶段。第1个因素是其他人的态度。如果一个孩子想参加一个篮球培训班课程,但其父母认为他应该将时间花在数学的学习上,结果这个孩子只能放弃这个篮球培训的计划。第2个因素是未预期情况因素的影响。假定一个体育消费者决定观看一场球赛,突然被老板要求加班,那么他只好放弃观看球赛的打算。

4. 购买决策　进入购买决策阶段,消费者往往要考虑"到哪里去买"、"怎样购买"、"什么时候买"、"谁去买"等一系列的问题。其中对于购买形式的选择是最重要的购买决策内容。除了传统的购物形式外,越来越多的消费者通过直接邮件、各种印刷媒介、电视、广播和互联网看到或者听到产品的介绍,并且通过电话、互联网和邮件来预订。赛事门票就可以通过售票窗口、电话订票和网络订票等多种形式来购买。实物型体育产品零售商店的品牌、位置、规模、店内陈列、广告、降价与促销活动、购物程序、商店气氛和售货人员等因素都在消费者选择商店的过程中起着重要作用。

体育消费者要完成交易还需要支付货款以取得对产品的各项权利。在当今社会中,信用卡在消费者购买中占有非常重要的地位。在发达国家信用卡的普及率很高,如果没有信用卡,许多交易就无法进行。而在中国等发展中国家,虽然信用卡的普及率也在逐年提高,但是现金交易仍然占据主流地位,在这些国家经营的体育营销者需要为其消费者提高更多类型的支付方式。

5. 购买后评价　购后评价是指体育消费者对购买某一体育产品所经历的过程进行总结。体育消费者可能对购买的各个方面进行评价,如信息的可获性、价格、零售店服务、产品性能等。评价后体育消费者会得出不同满意程度的结果。体育消费者的满意感是其产品期望和消费者感知到的该产品实际效用之间的差额。如果产品实际效用符合期望,体育消费者就会满意;如果产品实际效用超过期望,体育消费者就会非常满意;如果产品实际效用低于期望,体育消费者则会不满意。体育消费者对产品的满意或不满意感会影响其以后的购买行为。如果他们对产品满意的话,则在下一次购买中,他们将极有可能继续采购该产品。而不满意感的体育消费者可能会出现以下反应:停止购买、通过寻求确定产品的高价值的信息来减少不和谐、向体育营销者提出抱怨、告诫相关个人或者群体和法律申诉。一场球队发挥正常,符合球迷预期的比赛让球迷满意;而一场超出球迷预期的爆出冷门的球赛会让胜方球队球迷欣喜若狂,相反失利方的球迷则会通过抱怨、骂人,甚至采取暴力行为、抛弃球队等形式来发泄自己的不满。

对个体体育消费者和组织体育消费者决策过程的具体举例说明如表2-2所示。

表2-2 体育消费者决策过程

| 决策过程 | 个体消费者 | 组织消费者 |
| --- | --- | --- |
| 问题认知 | 体重超标带来潜在健康问题 | 品牌知名度不高制约利润空间 |
| 信息搜寻 | 走访周边健身俱乐部、收集广告信息、咨询身边朋友 | 向体育经纪公司或者体育经纪人咨询 |
| 评价与选择 | 评价比较备选的两家健身俱乐部 | 权衡各类代言人和可以赞助的各类赛事 |
| 购买决策 | 前往健身俱乐部办理会员卡 | 签订代言合同和赞助合同 |
| 购后评价 | 是否和预期一致 | 品牌知名度目标的实现程度 |

### (二) 影响因素

个体体育消费者的决策主要受到文化、社会、个人等因素的影响。

1. **文化因素** 文化因素对体育消费者的行为具有最广泛和最深远的影响。文化是人类欲望和行为最基本的决定因素。在社会中成长的儿童通过其家庭和其他主要机构的社会化过程学到了基本的一套价值、知觉、偏好和行为的整体观念。

巴萨体育帝国的背后,离不开加泰罗尼亚地区的支持。加泰罗尼亚是西班牙一个特殊的地区,加泰罗尼亚人有强烈的民族个性,如果在加泰罗尼亚公共场合聚会挥舞西班牙国旗,甚至会被视为种族歧视。巴萨是加泰罗尼亚人的精神寄托,加泰罗尼亚人将巴萨俱乐部视为血液中的一部分。因此,受到加泰罗尼亚足球文化的影响,加泰罗尼亚人对巴萨的忠诚度极高,而且世代热爱,全力支持。巴萨属于会员制,截至2009年6月,巴萨俱乐部全球会员人数达到了16.3万人,是欧洲所有足球俱乐部拥有会员最多的球队,每个巴萨会员会在每个赛季向俱乐部交纳大约150欧元的会费。由此,巴萨每年会员费的收入就高达2 000多万欧元。

2. **社会因素** 体育消费者的购买行为同样也受到消费者的相关群体、家庭和社会阶层等一系列社会因素的影响。

如果一个人的父亲或者周边的朋友都是热情的英超球迷,那么这个人也极有可能是英超的球迷。而一个自小参加学校棒球俱乐部的人极有可能长大后就会成为一个忠诚的棒球迷。CNNIC在世界杯期间在北京进行了随机抽样电话调查结果显示,2010年世界杯期间,北京的女性球迷就超过了4成,其中大部分的女性球迷是一种跟随性球迷。

身处不同社会阶层的消费者对各类体育运动会产生不同的偏好。篮球和足球运动被视为草根运动,大众普及度高;而马术和高尔夫则是被视为贵族运动;在中国,参与高尔夫运动往往被视为身份和地位的象征。很多俱乐部也对其会员制度进行多方面限制。在澳大利亚,拥有澳大利亚最古老的俱乐部墨尔本皇家高尔夫俱乐部会员身份就是一种权贵阶层的标志。

3. **个人因素** 购买者决策也受其个人特征的影响,特别是受个人身体特征、生命周期阶段、职业、经济环境、个性以及心理特征等因素的影响。

重心较低的体育消费者在体操和溜冰等以平衡为必备条件的运动中占据优势,因而乐于参与这类运动。而具有身高优势的消费者更乐于参与篮球运动。年轻人喜欢场面火爆的运动项目,而太极这样舒缓的运动被视为最适合老年人的运动。不同的经济条件决定了体育消费者用于体育消费的支出预算,蓝领职业的体育消费者可能更乐于观看比赛而不是参与运动。一个个性自信、开朗和积极的人比担心、保守和谦卑的人更有可能参与各种体育活动。而自我依存的人比群体依赖的人更有可能参加个人性的体育项目。

## 第三节 体育营销者内部环境分析

体育营销者的内部环境是体育营销者经营的基础，是体育营销者制定营销策略的出发点、依据和条件。

### 一、使命和组织目标

体育营销者的使命是指体育营销者在社会经济发展中所应担当的角色和责任。体育营销者的使命表明了体育营销者的根本性质和存在的理由。是体育营销者制定营销策略的根据。

澳大利亚体育委员会的使命被陈述为"通过运动丰富所有的澳洲人的生活"。ATP国际男子职业网球理事会的使命是成为管理发展网球职业赛事的独立和国际化的机构。很多非营利体育组织的使命都是推广该项运动。明确组织使命可以保持整个组织目的的统一性，为配置营销资源提供基础或标准，建立统一的组织氛围和环境，明确发展方向与核心业务。

体育营销者的组织目标是指体育营销者在实现其使命过程中所追求的长期结果，是在一些最重要的领域对使命的进一步具体化。它反映了营销者在一定时期内经营活动的方向和所要达到的水平。在体育营销者战略目标中，可能包括确保财务收入、推动项目的普及、扩大成员的数量、保障运动的健康发展和提高公众的参与程度等多个方面。例如，国际奥委会的使命是促进人类的互相了解、友谊、团结和公平竞争。在这个使命的指导下，奥委会的主要目标确定为：促进体育运动和运动竞赛的协调、组织和发展，注意与其他国际或国家体育机构组织的合作；与官方或民间的主管组织和当局合作，努力使体育运动为人类服务；确保奥运会的正常举行；参与促进和平的行动，维护奥林匹克组织成员的权利，反对对奥林匹克运动任何形式的歧视；推动妇女参与体育和加入体育领导机构，以实行男女平等；支持并鼓励弘扬体育运动道德；努力在运动中发扬公平竞赛的精神，清除暴力行为；领导反对体育运动中使用兴奋剂的斗争，参与国际反毒品斗争；采取旨在防止危及运动员健康的措施；反对将体育运动和运动员滥用于任何政治或商业目的；鼓励体育组织和公共权力机关尽全力保障运动员的社会和职业前途；鼓励发展大众体育；努力使奥运会在确保环境问题受到关注的条件下举行；支持国际奥林匹克学院（IOA）；支持致力于奥林匹克教育的其他机构。

### 二、核心资源

核心资源是体育营销者在长期生产经营过程中的知识积累和特殊的技能以及相关的竞争优势所组合成的一个综合体系，是体育营销者区别于竞争对手的一种独特能力。体育营销者的持续竞争优势正是来源于其核心能力的构建和持有的核心资源。一般来讲一个体育营销者的核心资源可能有以下几方面。

1. **明星球员和明星教练员** 人力资源是体育营销者最宝贵的资源。明星球员和明星教练员可以让体育营销者快速获得各方关注，提高观众忠诚度，从而增加门票、赞助和媒体收益。2011年，中超上海申花俱乐部在引进国际级知名球星阿内尔卡和国际级著名教练蒂加纳后，国内某知名票务代理公司以2 300万的天价代理费用和申花队签订了2012赛季主场球票代理销售协议。而耐克、阿迪和李宁等实物型体育产品企业巨头对明星球员代言资源的争夺也从未平息。因为，明星球员的代言就意味着有效的促销。

2. **技术和成绩** 任何一个成功职业体育品牌都拥有超越竞争对手的优势技术和竞赛成

绩。在2010~2011赛季,曼联俱乐部获得了在英超的第19个冠军,完成了对利物浦的超越,成为英格兰顶级联赛史上获得冠军最多的球队。而同时,在曼联的辉煌战绩下,曼联也成为全球球迷规模最大的足球俱乐部。同样,技术的不断创新和良好的性能也是体育用品品牌成功的重要基础。

3. 文化  除了技术和成绩,任何一个成功的体育品牌还同时拥有足够的历史底蕴和丰富的文化内涵。曼联"百折不挠,永不言败"的霸气也让球迷对这支球队痴迷。曼联霸气的球队文化带来了曼联现在的强盛。

4. 球迷群体  获得球迷的支持是俱乐部生存和发展的根本。规模庞大的球迷群体不仅可以为球队带来可观的门票收入,还可以为球队带来可观的赞助费、转播费和特许费等收入。巴萨是欧洲所有足球俱乐部拥有会员最多的球队,也是规模庞大的球迷的支持让巴萨面对经济危机时日子要比同行相对好过。

5. 商业开发能力  当今,各国的职业体育都不同程度地进行了产业化。各职业俱乐部几乎都设立了专业的商务开发部门或者职位。这些商务开发部门或者职位负责进行俱乐部的赞助计划、产品开发计划和媒体合作计划等。随着俱乐部之间竞争愈发激烈,这些部门和人员在俱乐部中的地位越来越重要。因为,强大的财力才能吸引优秀的球星,促进俱乐部发展和壮大。俱乐部商业开发能力决定了俱乐部资源的利用效率和收益。随着俱乐部的商务开发能力的提高,职业俱乐部已经从一个比较单纯的体育竞技公司成为一个收益颇丰的投资工具,受到投资人的青睐。投资人的进入也为体育的发展提供了物质保障。

曼联可以算得上俱乐部中的商业开发的典范。1991年,曼联俱乐部在伦敦交易所上市。曼联的上市使曼联的资产极大地增值,这对购买球员、球队的运营都起到了很大的作用。曼联俱乐部对赞助商区域和赞助项目进行进一步的细分,不断开拓新的业务领域。例如,曼联和苏格兰银行、苏黎世金融服务等金融机构合作推出了取名为"曼联金融"的服务,向球迷提供信用卡服务,曼联的信用卡利率是根据俱乐部的表现来确定的。如果俱乐部取得了欧洲冠军杯的参赛资格,作为回报,持卡人还可以得到一定数量的分红。韩国就有数以百万计的曼联信用卡使用者。曼联与沃达丰共同开发了MU NOW手机短信服务。曼联在沙特创办手机服务后仅2周,就有50万人申请加入。1998年,曼联和英国天空广播公司、格拉纳达广播公司共同组建了MUTV,通过MUTV向球迷提供付费电视等服务。目前,MUTV和我国的中央电视台体育频道也有合作,MUTV每周向中央电视台体育频道提供长达4个半小时的节目。曼联正是依靠其高超的商务开发能力获取了大量的资金。

6. 地域优势  因为职业联盟一般都对联盟中职业队的地域分布进行一定的限制。因此,职业队的迁址存在一定的障碍。而身处经济发达、人口众多或者该项运动盛行的城市和地区的职业队凭借其地域优势可以获得更好的收益。例如,NBA中的纽约队虽然成绩并不理想,但是因为纽约队所在的纽约是美国第一大城市,而且纽约的篮球氛围十分浓郁,所有俱乐部的收益相对可观。

7. 品牌  品牌是一种名称、术语、标记、符号或设计,或是它们的组合运用,其目的是借以辨认某个销售者或某群销售者的产品或服务,并使之与竞争对手的产品和服务区别开来。一个品牌能表达出产品属性、购买利益、价值、文化、个性和使用者等6层意思。体育营销者一旦拥有一个优秀品牌就意味着高水平的消费者品牌知晓和忠诚度,从而减少了公司营销成本。优秀品牌更容易带来品牌溢价,可以提高体育营销者和上下游的谈判能力,帮助体育营销者更容易地进行品牌拓展,可以在一定程度上帮助体育营销者避开激烈的价格竞争。

# 本 章 小 结

营销环境是指影响体育营销者市场营销活动的所有因素的条件的组合。根据营销环境对体育营销者市场营销活动发生影响的方式和程度,可将市场营销环境分为外部营销环境和内部营销环境。体育营销者的外部环境分析是对体育营销者所处的宏观环境、行业竞争环境和体育消费者的分析。体育营销者的内部环境分析是对体育营销者的使命、目标和核心资源的分析。体育营销者的外部宏观环境包括:政府立法、经济环境、技术、政治力量、人口趋势和社会趋势等因素。行业竞争环境分析包括对和体育营销者满足同类需求的直接竞争对手、替代品、体育营销者的上下游企业、体育消费者、潜在进入者等对体育营销者营销有最直接影响的外部因素的分析。体育消费者行为分析包括对体育消费者总模型、决策过程和影响因素的分析。体育营销者需要根据组织的使命和目标确定体育营销策略。体育营销者的核心资源有明星球员和教练员、成绩和文化、球迷群体、商业开发能力、地域优势和品牌等多个方面。

体育营销者可以借用SWOT分析工具分析外部环境中的机会(O)、威胁(T)和内部环境的优势(S)和劣势(W)。

## 思考题

1. 体育营销者的营销环境由哪些部分构成?
2. 体育营销者为什么要关注营销环境?
3. 怎样运用SWOT分析工具进行体育营销环境的分析?

# 第三章

# 体育营销策略

**本章要点**
- 体育市场细分
- 体育目标市场选择
- 体育市场定位
- 体育营销组合策略：产品策略、价格策略、分销策略和促销策略

> **案例导读**
>
> 　　放眼全球，NBA 的影响力究竟有多大？在欧洲、亚洲、非洲、澳洲，随便拉过一个孩子来问，也许他不知道美国总统是谁，但他却可能知道 NBA 本赛季的最有价值球员是谁、总冠军是谁。NBA 因为乔丹而令人疯狂，但真正让 NBA 大放异彩的却不是乔丹，而是 NBA 总裁大卫·斯特恩及他的 NBA 全球战略！2010 年 8 月 10 日，斯特恩再次向全世界宣布——新赛季猛龙队与网队将会于 2011 年 3 月 4～5 日在伦敦进行两场常规赛，这也是 NBA 常规赛首次走出美洲。
>
> 　　近些年来，NBA 一直想拓展海外市场。根据计划，在新赛季开始之前，湖人队、尼克斯队、森林狼队将在欧洲进行总计 4 场季前赛。如果算上这 4 场比赛，从 1988 年至今已有 23 支 NBA 球队在欧洲的 18 个城市进行了 54 场季前赛，并且受到了广泛欢迎。
>
> 　　在 2009 年的 NBA 欧洲之旅中，共有 209 个国家和地区对比赛进行了转播，得到了多达 18 家市场合作伙伴的支持。正如大卫·斯特恩所言，NBA 已经彻底打开了欧洲市场，接下来 NBA 要全方位进军亚洲，特别是中国。
>
> 　　NBA 副总裁、国际发展部主管巴拉克近日向外界表示，中国与西班牙是 NBA 最重要的两大海外市场。尤其是中国，对 NBA 发展贡献巨大，而姚明则功不可没。据巴拉克透露，NBA 一直致力于全球范围内的业务拓展，欧洲、非洲、拉丁美洲、亚洲都有市场，但在不同地区投入的力度并不相同，从某种程度上来说，中国确实是最发达、最成熟、最具发展潜力的海外市场！
>
> 资料来源：整理自《辽宁日报》，2010 年 8 月 11 日

　　体育营销策略是体育营销者在充分分析内外部环境的基础上，根据体育消费者需求，结合体育市场变动和竞争者情况，有计划地组织的各项经营活动。营销策略是通过为顾客提供价值而实现体育营销者目标的过程。体育营销策略可以分为体育营销战略和体育营销战术。体育营销战略是体育经营者的长远发展目标，体育营销战术是实现体育经营者长远发展目标的具体方法

和途径。体育营销战略包括体育市场细分策略、体育目标市场选择策略和体育市场定位策略。体育营销战术也就是体育营销组合策略,包括产品策略、价格策略、渠道策略和促销策略。

# 第一节 体育营销战略

## 一、体育市场细分策略

每个人的喜好都不尽相同,受制于体育经营者的资源,体育营销者很难做到使每个人都满意。因此,体育营销者几乎不可能与市场中的所有顾客建立联系。为了给消费者提供最高的价值,增强企业的竞争力,体育营销者可以将这些市场划分成有着独特的需求的消费者群。体育营销者可以针对特定的目标市场开发产品,提供价值,从而更有效地开展竞争。一般来讲,体育营销者需要遵循3个主要步骤:①市场细分,也就是确定并描绘需要被提供相对独立的产品或者营销组合的购买者群体;②选择目标市场,也就是选择一个或多个准备进入的目标市场;③市场定位,即在市场上建立和传播产品与竞争对手不同的关键价值。

营销者根据顾客对不同的产品或销组合的偏好或需要,识别和描述具有明显不同特征的购买者群体。细分市场可以通过购买者的人口特征和行为等差异来加以区别。体育市场细分变量有以下几种。

1. 人口统计学特征

(1) 地理细分。地理细分要求把市场划分为不同的地理区域,如国家、省、地区、县、城镇或街道。体育营销者可以在一个或一些地理区域经营,也可以在所有地区经营,但要关注当地的差异。处于不同地理位置的消费者体育需求与偏好具有差异性,他们对体育产品的价格、销售渠道、广告宣传等的反应都不相同。如在我国经济水平较高的东部地区,对运动健身、高档器材以及运动服装的需求就比经济相对落后的西部地区的需求高。而一些体育用品,如滑雪器械及服装,在南方几乎没有什么销售量,但是在北方却有广阔的市场。

(2) 人口细分。在人口细分中,根据体育消费者的年龄、生活阶段、性别、职业、社会阶层、收入、受教育程度、国籍、宗教信仰、种族、家庭等变量把市场划分成不同的群体。这是一种最普遍的消费者市场细分方法。因为,首先体育消费者的欲望、偏好和使用率经常与人口变量相关。例如,与参与型体育消费最密切相关的人口因素是收入、年龄、受教育程度等3项。其次,人口变量比较容易衡量。大多数的营销者往往会将2个或2个以上的人口因素结合起来进行市场细分。

2. 行为细分变量 在行为细分中,决策角色、场合、利益、时机、忠诚度等行为变量是建立细分市场的最佳变量。

(1) 决策角色。在一项体育决策中可能会有5种角色:发起者、影响者、决定者、购买者和使用者。例如,一个妈妈受到周边朋友的影响,认为跆拳道可以有效增强孩子体质。因此,在妈妈的要求下,爸爸搜索跆拳道相关培训信息,并为孩子报名参加跆拳道培训课程。最后,孩子获得了跆拳道的培训。在这项购买中,不同的人扮演不同的角色。但每一个角色在购买过程和最终的消费者满意度方面都是非常重要的。

(2) 场合。根据购买者需要、购买或使用产品的场合,可以将市场区分开来。体育服饰越来越用于平时休闲时尚的穿着,而非体育场上的专利。这也让体育服饰品牌在传统功能定位之外延伸出休闲时尚的新定位。

(3)利益。可以根据购买者所追求的利益对其进行市场分类。一个人到了比赛现场观赛,可能是为了观看自己喜欢的明星,或者为了现场的美食,或者仅仅是为了与同伴在一起。同样的,人们去买运动鞋可能是由于它们的功能、样式、温暖性和安全性,也可能只是为了追赶潮流。

(4)时机。根据购买者产生需要、购买或使用产品的时机,可将它们区分开来。例如,春季人们想要锻炼塑身的欲望比较强烈,这时就比较容易进行参与型体育消费。在世界杯足球赛、奥运会等大型赛事期间,人们参与的体育活动相对活跃,从而带来体育用品的销售旺季。

(5)忠诚度。一个市场也可以用消费者的忠诚度来进行细分。消费者可能忠诚于某些运动(如足球)、某些体育品牌(如皇马足球俱乐部、耐克)和某些体育媒体(如五星体育)等。每一个体育市场由不同数量不同忠诚程度的购买者组成。坚定忠诚者是指始终不渝地购买一种品牌的消费者。例如,巴萨的忠诚球迷对于巴萨的至死不渝的支持。中度的忠诚者是指忠诚于2~3种品牌的消费者。他们往往同时具有若干种体育爱好,他们会基于不同品牌的促销力度来选择购买品牌。体育多变者则是指对任何一种品牌都不忠诚的消费者。例如,为了获得最新话题而观看体育比赛的体育观众往往只会追随热点。

除此之外,还可以依据体育消费者的个性特征、生活方式和体育价值观等,心理细分变量细分体育市场。

## 二、体育目标市场选择策略

体育目标市场的选择,是体育经营者对不同的细分市场评估后,对进入哪些体育细分市场开展生产经营活动所作的决策。

在评估不同的细分市场时,公司必须考虑两个因素:细分市场总体的吸引力与公司的目标和资源。一个潜在的细分市场的吸引力取决于市场的规模、成长性、获利性、规模经济和风险等5个特征。

在公司特定的目标和资源情况下,有吸引力的细分市场未必都可以成为体育经营者的目标市场,这是因为一些很有吸引力的细分市场可能并不符合企业的长远目标,也可能体育经营者在这些细分市场中缺乏竞争力。

如图3-1所示,公司在评估不同的细分市场后,可以考虑产品专业化模式、市场专业化模式、集中在单一细分市场模式、有选择的专业化模式和全面进入模式等5种目标市场模式。

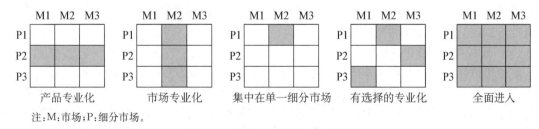

注:M:市场;P:细分市场。

图3-1 目标市场选择的5种模式

1. 产品专业化模式 是指体育经营者在不同的细分市场上只提供一种产品。产品专业化模式有利于体育经营者在某个体育产品方面树立起很高的声誉。例如,某户外用品股份有限公司就是专业从事户外用品研发设计、组织外包生产与销售的体育用品企业。他们的户外运动产品可以满足不同的人群的需求。采用这种模式的企业在该产品领域专业化程度高,但是其所处的行业一旦发生变化,会产生企业发展危机。

2. **市场专业化模式** 是指体育营销者为了满足某一消费群需要,专门提供他们所需要的各种不同的产品。例如,某体育用品生产厂家专门为职业运动员生产跑鞋、运动服、起跑器等他们需要的各种产品。女性健身会所专业为女性会员提供各类健身课程。体育营销者专门为某个顾客群体服务,可以在该细分市场上获得良好的声誉,并成为这个顾客群体所需各种新产品的销售代理商。但是如果这个细分市场发生支出削减,营销者将面临危机。

3. **集中在单一细分市场模式** 是一种比较简单的目标市场模式,即体育经营组织只生产一种产品,只供应某一类消费群。通常比较小的体育营销者会采取这样的模式。运用集中在单一细分市场模式,体育营销者可以更加全面地了解目标细分市场的需要,更好地满足目标市场,有利于在目标细分市场中建立巩固的市场地位和鲜明的品牌形象。另外,公司通过生产、销售和促销的专业化分工,也可以获得相对更高的经济效益。

4. **有选择的专业化模式** 是指体育营销者有选择地同时进入若干个不同的细分市场,为不同的消费群提供不同的体育产品。此时体育营销者进入的每个细分市场在客观上都有吸引力,并且符合体育营销者的目标和资源,体育营销者在每个细分市场都有可能盈利。但在各细分市场之间很少有或者根本没有任何联系。有选择的专业化可以分散公司的风险,即使某个细分市场失去吸引力,公司仍可继续在其他细分市场获取利润。一般来说,选择这种市场进入模式的体育经营单位都具有较强的资源和实力。比如,央视 IMG 体育赛事管理有限责任公司,其业务就涵盖体育产业的方方面面,从顶级体育赛事,到赛事赞助,明星客户代理,世界级体育训练学院,同时还为诸多世界领先的体育管理机构、体育赛事和文化组织提供顾问服务。这样的选择模式可以分散企业的风险,实现利益互补。

5. **全面进入模式** 是指体育营销者不考虑细分市场间的区别,通过推出一种类型产品来满足整个市场。只有大公司才能采用完全市场覆盖战略。耐克公司可以生产近 200 种不同式样的运动鞋,这些样式都是根据不同的性别、脚型、体重、跑速、训练方式、技术水平设计的。耐克的鞋千姿百态,它们风格各异,价格不同,用途也不同,吸引了各种各样的消费群,使得耐克开拓了全球最广泛的市场。

### 三、体育市场定位策略

市场中的竞争非常激烈,仅仅了解顾客是绝对不够的,体育营销者还必须仔细留意竞争对手,让自己的产品和品牌具备超越竞争对手的独特优势。如果体育营销者的产品和服务与其他经营者的产品和服务类似,那么它是很难取得成功的。因此,体育营销者要有效地对自己的产品和服务进行差异化,以获取竞争优势。

**(一) 定位的定义和内涵**

定位是指体育营销者定义并传播与竞争对手的差异,从而为自己的产品或者形象在目标顾客心目中占据一定的特殊位置而采取的行动。定位的目标是让目标市场的消费者认知并认可该体育产品和品牌可以给消费者带来不同于竞争对手的更大的潜在收益,即给出目标市场之所以购买该产品的有说服力的理由。定位既是卖点也是买点。定位即是相对竞争者的优势,也是产品能给消费者带来最大利益的特点。组织中的每个人都应该理解品牌定位,并将其作为制定经营决策的依据。

**(二) 差异化策略**

定位本身就是差异化过程。为了获取竞争优势,体育经营者必须努力寻找能使它的产品产生差异化的特定的方法。差异化体现在具体的差异点上。差异点是指品牌给消费者带来的其他竞争品牌无法与之媲美的特性或好处。差异化策略的体育经营者需要考虑的两个问题,分别是向目标顾客推出多少差异点以及推出哪些差异点。

1. **差异点的数量** 过多差异点会导致顾客对产品和品牌认知的模糊不清。因此,产品和品牌的差异点不宜太多。企业不宜进行多重定位,也不宜频繁变换企业定位。

2. **差异点的确定** 要树立品牌形象,体育产品必须有所差异。可以在6个方面实现差异化:产品(如赛事级别、俱乐部会员服务类型、产品功能等)、服务(如门票购买、赛场服务、会员服务等)、员工(如明星球星、志愿者等)、场馆(如环境、交通等)、形象(如符号、媒体、氛围和事件等)、价格(如定价制度、价格水平和折扣习惯等)。体育营销者具体选择哪些差异点要依据该差异点的竞争优势大小和目标消费者对其的利益诉求强度。

### (三) 定位的基本步骤

体育经营者在确定企业定位时,可以遵循以下的步骤:①了解目标市场消费者的欲望和需求,建立顾客价值等级层次。②对比竞争者所提供的产品,分析自己产品的优势。③决定哪些利益对消费者是最重要的。④将可以给消费者带来最高级别价值的优势确定为自己的定位。⑤调整自己的战略战术,使之更好地体现自己的定位。⑥开展传播和促销活动,使消费者认知并接受定位,形成一个自己希望市场理解和认识的形象。

## 四、创建管理体育品牌

体育营销者最重要的能力可能就是创建、加强和保护品牌的能力。对于体育营销者,品牌代表了巨大价值的合法财产。品牌就是某些消费利益的代表,良好的品牌可以培养一批忠诚的顾客。品牌忠诚度为体育营销者提供了关于需求的可预测的保障,并形成进入壁垒,令竞争对手难以进入这一市场,从而为品牌的持有者提供安全持续的未来收入。强大的品牌会让体育营销者有更好的收入和利润表现,为股东创造更多的价值。

品牌特许是体育行业中一个生机勃勃的领域,让运动员、运动队、赛事名称和标志出现在大量的产品的扩展范围内。品牌特许是通过合同性的协议,一个公司支付特许使用费来交换使用体育品牌方的品牌。体育品牌方授权将其品牌名称和品牌标志与被特许组织的产品、服务或促销联系在一起。例如,美国橄榄球协会有150个特许产品,这些产品包括服装、体育商品、篮球卡、收集物、家具、学校用品、家用电器、互动游戏、家庭录像、出版物、玩具、游戏和礼物等多种类型。

特许已变成了最为流行的体育品牌战略之一。一方面,特许能够为交换过程的双方带来利润。个体运动员、运动队、赛事和联盟等体育营销者通过特许带来了稳定的收入,提升品牌的优势和影响力。而被授权的特许商则通过和体育品牌的积极联合,将消费者对于运动员、运动队、联盟或赛事的积极态度转移到特许产品或服务中,从而获得更高水平的品牌知名度,节约建立高水平品牌权益所需要的时间和费用,在和零售商的谈判中获得更大的谈判能力,并扩展和增大其在零售的货架空间,对特许产品或服务收取较高的价钱,获得更多的产品溢价。但另一方面,特许也存在一定风险。体育品牌特许商的风险在于运动员、运动队、联盟或体育运动可能不受欢迎,对产品知名度提升作用有限,或者发生丑闻对特许商的品牌产生负面影响。对于体育品牌方来讲,特许颁发者可能因为失去对特许商营销组合要素的控制造成对自身品牌的伤害。例如,特许商的产品质量可能是劣质的,或可能经常进行价格打折,这些都会损害体育品牌特许颁发者的被认知的品牌形象。因此,体育品牌特许颁发者在选择经营特许的合作伙伴时一定要谨慎,需要认真选择合作伙伴。除此之外,特许商和特许证颁发者还必须共同监视假冒商品。

## 第二节 体育营销组合策略

体育营销组合是体育营销者各种营销措施组成的一个整体性活动。这些营销措施基本可以分为产品、价格、渠道和促销等四大策略。体育营销者在制定营销组合策略时,一方面需要紧密围绕产品和品牌的定位;另一方面,体育营销者需要合理组合这些策略,进行整合营销,以充分发挥营销策略整体的优势和效果。

### 一、体育产品策略

产品是指满足某种欲望和需要而提供给市场的一切物品。

#### (一)体育产品的层次

如图3-2所示,在提供产品时,体育营销者需要考虑5个产品层次。

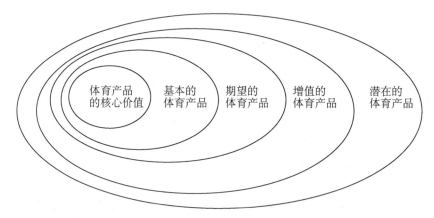

图3-2 体育产品的5个层次

产品最基本的一层是核心利益,即消费者购买的基本利益。例如,健身俱乐部购买会籍的客人要购买的是健康和塑身,球赛的观众想获得的是放松和快乐,而购买运动服的人真正要买的是休闲时光。因此,明智的营销者必须认识到自己是利益提供者。产品的第2个层次是基本产品,也就是产品的基本形式。例如,一场比赛包括坐椅、看台和运动员比赛等。产品的第3个层次是期望产品,即顾客通常希望所购买的产品能提供的一系列属性和条件。例如,观众期望大牌明星、舒适的坐椅和精彩的比赛等。在第4个层次,营销者开始设计超过顾客期望的增值产品,即增加的服务和利益。例如,球赛现场的拉拉队表演、美食、活动和球场的高科技带来的新体验等。它可以将体育营销者的产品与竞争者的产品区别开来。但是,产品的增值部分会增加成本,因此营销者必须确定顾客是否愿意支付更高的价格以弥补额外的成本。产品的第5个层次是潜在产品,是指产品未来可能进行的所有改进和变革。体育营销者正在寻找全新的方式来满足顾客的要求和区分自己的产品。

#### (二)体育产品的组合

体育产品组合是指体育营销者售予消费者的一组产品,包括所有产品线和产品品目。

体育产品组合具有一定的宽度、长度、深度和相容度。体育产品组合的宽度是指体育营销者具有多少条不同的产品线。例如,国际网联就有男子网球赛事、女子网球赛事和青少年网球赛事3条产品线。耐克则有鞋、服装和装备等3条产品线。产品组合长度是指每条产品线中的产品品目总数。例如,ATP男子网球比赛就有大满贯、ATP1000、ATP500和ATP250等多个级别。产品组合的深度是指产品线中的每一个产品品目的品种数量。例如,ATP四大满贯赛事包括澳大利亚公开赛、法国公开赛、温布尔登公开赛和美国公开赛等4站。产品组合的相容度是指各条产品线在最终用途、生产条件、分销渠道或者其他方面相互关联的程度。显然,ATP的各类比赛之间的相容度是非常高的。衡量产品组合的4种尺度,为体育营销者的产品扩展战略提供了依据。

### (三)体育产品的生命周期

产品生命周期是指产品从试制成功投入市场开始,到被市场淘汰为止的过程。产品生命周期是以描述某产品种类的发展轨迹,并用来监控产品种类的销售和利润的状况。产品生命周期一般分为导入期、成长期、成熟期和衰退期4个阶段。无论是体育用品还是体育服务,都符合产品生命周期的理论。体育营销者通过对产品生命周期的调查和控制,一方面可掌握市场对本企业产品需要的程度,另一方面可为其开发新产品、改进老产品、延长产品生命周期提供可靠的依据。

1. **导入期** 当一个新的体育产品第1次进入市场时,产品生命周期的导入阶段就开始了。中国新的武术职业联赛正是处于导入阶段的体育产品。产品处在导入期的营销者的营销目标是:在愿意尝试新产品的消费者中间建立知名度,并鼓励他们使用。这个阶段,往往因为产品进入市场的启动成本很高,产品销售量低,体育营销者利润非常低,甚至处于亏损状态。

2. **成长期** 经历导入期的市场培育后,产品的销售快速增长,利润率增加,产品进入成长期。该阶段的体育营销目的是要建立消费者对体育产品的偏好和继续扩展产品线。成长阶段企业将面对更多的竞争对手,营销中必须强调产品超过竞争对手品牌的独特利益。经过中国网球公开赛和上海ATP的多年培育,网球运动在上海和北京等中国大城市中正处于成长阶段。网球相关的体育经营者开始有所收获。

3. **成熟期** 该阶段市场趋向饱和,行业销售开始稳定,同时,随着更多的组织一起争夺有限的或稳定数量的消费者,行业竞争程度在加剧,利润率稳定并开始下降。成熟期体育营销者的主要营销目标是:维持并稳定企业在成长阶段获得的竞争优势和进行更多的促销来鼓励再次购买。

4. **衰退期** 该阶段销售开始下降,市场萎缩。该阶段中体育营销者可以选择退出策略、维持现状,但减少营销支持,或者等待竞争对手先行撤出。

### (四)体育新产品开发和扩散

在面向国内外市场的营销过程中,体育营销者必须紧紧依靠产品创新来开拓市场,并保持其竞争优势。具体而言,体育产品创新主要可以从功能创新、技术创新、管理创新、营销创新、品牌创新、包装创新等不同角度来把握。从功能上说,创新主要集中在增加体育产品的使用价值,提高其性价比;从技术上说,通过技术创新可以提高体育产品的科技含量;从管理角度看,创新可以提升体育营销者的运营效率,降低成本,彰显团队战斗力;从营销创新看,无论是产品的销售渠道创新、广告与赞助创新,还是促销方式的创新,都将提升体育营销者与消费者沟通的能力;从品牌创新看,体育营销者可以通过合理有效的品牌延伸与品牌联合,实现体育品牌的多元化和强强联合优势,提升体育营销者的竞争力和抗风险能力;从包装创新的角度看,体育产品可以通过创新包装方式,吸引更多注重包装和外在品质的消费者跟进,从而提高销售量。

新的体育产品正在被不断地介绍给消费者。最初,一小部分人购买和尝试新的体育产品。随后,也有越来越多的人开始尝试新的产品。这就是新产品的扩散过程。根据采用新产品的先后顺序,市场上一般有5种类型的采用者:第1类是创新者,他们是当新产品进入市场时,首先采用体育新产品的那部分消费者。第2类是早期采用者,他们是继创新者之后采用体育新产品的消费者群体。第3类是早期多数者,他们受创新者和早期采用者所提供的信息影响很大,往往在体育新产品渡过产品生命周期的初级阶段之后开始采用。第4类是晚期多数者,他们往往在产品的成熟期采用创新,在晚期多数者决定购买产品之前,半数以上的市场已经购买或尝试了新产品。最后一类采用者叫做落后者,这些个体是守旧的,他们选择十分传统的体育产品。他们在产品生命周期的衰退阶段才开始采用产品。十分明显,为了让落后者采用新产品,必须降低价格,促销鼓励试用,拓宽分销。如高尔夫运动中的"金属木",在20世纪70年代末这个创新产品第1次导入时,只有最大胆的高尔夫"开拓者"愿意采用这一新技术,而现在只有很少高尔夫球手的袋子里没有这种金属木球杆。创新产品向整个市场扩散的速度受到新产品的特点、新产品创新类型和信息传播网络的属性等三个因素影响。

## 二、体育产品定价策略

价格是一个市场供求状况的体现。体育产品定价决策会受到体育营销者内部和外部因素的共同影响。内部因素是体育营销者可以控制的因素,包括营销组合因素、成本和组织目标等。外部因素是超越体育营销者控制的影响价格的因素,包括消费者需求、竞争、法律问题、经济和技术等。

**(一) 主要定价方法**

定价方法大致可归纳为成本导向、市场需求导向和市场竞争导向三大类。

1. 成本导向定价法　成本导向定价法是指以体育产品的成本为中心来制定价格。成本是指与生产、促销和分销体育产品相关的花费。一个职业体育俱乐部经营的成本包括为完成比赛而雇佣的运动员的薪水支出,运动员的装备费用,雇佣诸如教练员、训练人员、器材管理人等人员的支出,训练和比赛场地的租赁,清洁和维护成本等。除此之外,包括广告、促销、和运动队的交通等其他所有成本都将在体育产品的价格中得以体现。体育产品的成本一般可以分为固定成本和变动成本。固定成本是指在短期内不随体育产品产量变化而变化的成本,如教练员和运动员的固定薪水、场地的租赁费和体育管理人员工资等;变动成本是指在一定时期内,随体育产品的产量变动成正比例变化的成本,如运动装备,清洁,交通费用等。体育产品的总成本,即固定成本和变动成本之和。

2. 需求导向定价法　需求导向定价法是指依据买方市场对体育产品价值的需求状况来定价,而不是以卖方的生产成本为依据来定价。

消费者需求是指消费者愿意在给定的价格上购买体育产品的数量。对于正常商品,价格和消费者需求是反向变化的。需求导向定价法中需要考虑以下因素:

(1) 需求偏好。消费者对某体育产品的需求偏好影响该产品的定价。根据美国体育用品协会(the National Sporting Goods Association)统计,跆拳道和滑冰板是最热门的体育运动。对跆拳道培训和滑冰板器材需求的增长抬高了这两种体育产品的定价。

(2) 价格弹性。价格弹性反映消费者购买对价格浮动的敏感程度。如果消费者对某种体育的产品价格弹性越大,该种体育产品的价格变化也就会带来更大幅度的销售变化。

(3) 消费者收入。消费者收入反映消费者支付价格的能力。通常来讲,消费者的收入越高,可接受的价格范围就越大。在经济衰退期,消费者收入减少,他们对体育用品和服务的需求都会减少。

卖方可采用各种营销策略,影响买方对该体育产品的认识和需求,使之形成对买方有利的价值观念,再根据该体育产品在买方心中的价值来定价。例如,国内球迷对甲A足球联赛的价值认可程度高于甲B联赛,甲A的门票就比甲B的高。再如,消费者在一个普通的健身房健身,每小时要付15元,在一个星级宾馆健身房健身每小时则要付50元,而在五星级宾馆健身房健身可能要付300元。价格的提高并不是由这种体育健身活动(产品)的成本所决定,而是消费者认为由于环境气氛或其他的附加服务为这种健身活动(产品)增添了价值。

体育营销者也可以根据不同细分市场的需求,制定不同价格。主要有以下几种差别定价形式:

第一,以消费者为基础的差别定价。指针对不同的消费者制定不同的价格。

第二,以产品为基础的差别定价。指对不同类型的同类体育产品制定不同的价格。例如,对多功能豪华型与多功能普通型的健身跑步机制定差别定价。

第三,以产品或劳务的地理位置为基础的差别定价。例如,在体育馆观看商业性体育比赛,对购买前排座位与购买后排座位的观众实行差别定价。

第四,以时间为基础的差别定价。消费者对某些产品或劳务在不同时间、季节的需求强度是有差别的,据此可制定不同的价格。例如,许多体育娱乐场所都规定白天的价格比晚上的价格优惠,普通日的价格比节假日的价格优惠。

3. 竞争导向定价法　主要是依据竞争的状况来定价。竞争是在决定价格时最为重要的因素之一。每个体育营销者必须密切监控竞争公司的定价结构,以便成功地执行它自身产品的价格策略。这类定价法主要有两种形式。

(1) 随行就市定价法:是指体育营销者按照体育行业的平均现行价格水平来定价。此法的优点是易于为人们所接受,可以避免与竞争者竞争,为体育营销者带来适度的赢利。

(2) 投标定价法:是指由买方邀请若干卖方申报价格,各卖方将报价单封闭递交买方,由买方审查选定卖方,一般来说较低的卖方会被选中。

体育营销者所处的竞争环境对产品的定价策略有着重要的影响。体育营销者主要面临4种竞争环境,分别是纯垄断竞争、寡头垄断竞争、垄断竞争和纯竞争。不同的竞争环境下,体育营销者的定价策略是不同的。竞争程度越高,竞争对手价格对营销者的影响越显著,营销者对定价的控制能力越弱。例如,除了纽约、芝加哥和加利福尼亚等几个美国的大市场外,没有几个美国地区能够大到支持同一个运动项目的两个职业体育俱乐部经营。所以很多职业俱乐部是在纯垄断的竞争环境中营运的,这意味着他们是一定区域内该类产品的唯一销售者,这也意味着他们对价格的控制程度更高。

**(二) 价格竞争策略**

价格竞争是指体育营销者主要是通过为消费者提供更低的价格来刺激消费者需求,争夺市场,打击竞争对手。例如,初级职业体育联赛成功地使用了低价格票价策略来吸引对高级别职业联赛不满意的球迷,以及那些不能够或不愿意花费大量的金钱去观赏高级别职业联盟体育竞赛的人。为了响应价格竞争策略,价格竞争者需要有效地控制自己的运营成本。

非价格竞争是通过包装、产品设计、促销、分销或非价格的其他营销变量来创造一个独特的体育产品。这种方法允许一个体育营销者制定比其竞争对手更高的价格,因为其产品具有竞争优势。只有消费者认为感知的差异化体育产品的利益是值得的,消费者才愿意为这些体育产品支付更多的钱。

### 三、体育产品销售渠道策略

**(一) 体育产品销售渠道的概念与分类**

体育产品销售渠道是指体育产品从体育营销者向体育消费者转移过程中经过的所有环节。

在设计体育产品销售渠道时需要考虑体育产品的特点、销售的覆盖面和成本等因素。

体育销售渠道包括体育场馆(观赏性体育产品和参与性体育产品的消费场所)、转播媒体(观赏性体育产品传播的渠道)、竞赛门票销售系统(观赏性体育产品的销售渠道)、体育经纪人和经纪公司(球员、体育无形资产等体育产品销售的中间环节)和批发商和零售商(体育用品的分销渠道商)。

根据体育产品从体育产品商到消费者经过的环节,可以把体育产品销售渠道划分为直接渠道和间接渠道两种形式。

1. 直接渠道　是指没有中间商参与,产品由制造商直接销售给消费者和用户的渠道类型(图3-3)。体育服务产品因为生产和消费的同时性,往往采用直接渠道进行销售。如观众到赛场观看比赛、消费者在体育健身俱乐部接受健身课程培训。

2. 间接渠道　是指体育产品经由一个或多个中间环节才销售给消费者的渠道类型。它是有形的体育用品销售的主要方式。例如,耐克和李宁的运动鞋通过销售代理商的门店进行销售。在各项比赛中,更多的球迷是通过各种媒体转播来满足观赏需求。这时,媒体就充当了竞赛表演产品的中间渠道商(图3-3)。中间商的介入减轻了体育用品商的经营投入和风险,扩大了产品流通范围和产品销售。

图3-3　体育竞赛表演产品的直接渠道和间接渠道

### (二) 体育销售渠道的特殊表现形式

在体育营销中,体育销售渠道有一些特殊的表现形式。

1. 体育场馆　是体育赛事和健身娱乐服务的场所,具有直接与体育消费者接触的特性,相当比例的观赏性和参与性体育消费发生在体育场馆当中,众多潜在的体育消费者也是在进入体育场馆观摩和体验的过程中,产生购买体育产品和体育服务欲望的。因此,体育场馆是体育服务产品的直接渠道。体育场馆是观赏性体育产品及其部分赛事衍生产品的消费场所,为消费者提供良好的体验是体育场馆设计中主要考虑因素。越来越多的职业比赛将其传统的赛场移到海外场馆以配合其国际化的战略。例如,美国职业篮球联赛在欧洲、亚洲都举办了赛前赛。国际汽联F1比赛每年在亚洲举行8场分站赛。在1997年10月,美国职业冰球联赛在日本举办了他们在北美之外的第一个官方联赛。

2. 媒体　各类媒体通过对赛事的转播,极大地扩展了赛事的观赏人群规模,给赛事带来了稳定的收入来源。媒体也扮演了体育观赏性产品的销售渠道。电视、广播或因特网都是对体育观赏性产品的分销的媒介。

3. 体育经纪人和组织　主要从事体育赛事、体育品牌包装、经营策划、无形资产开发以及运动员的转会、参赛等中介活动,是沟通体育市场供需双方不可或缺的一个中间环节。体育经纪人和组织的特殊性在于其具有直接与体育赛事和运动员群体接触的机会和优势,从而造就了其特殊营销渠道的地位。

4. 门票销售组织　体育赛事的门票销售组织包括参与门票销售的自营及其代理机构。越来越多的体育营销者采用互联网门票销售模式和门票代理分销服务。

### (三) 体育产品分销渠道的设计

体育产品分销渠道的设计要遵循以下的步骤。

1. 确定渠道模式　体育产品分销渠道设计首先是要决定采取什么类型的分销渠道,是派推销人员上门推销或以其他方式自销,还是通过中间商分销。如果决定通过中间商分销,还要进一步决定选用什么类型和规模的中间商。

2. 确定中间商的数目　即决定渠道的宽度。这主要取决于体育产品本身的特点、市场容量的大小和需求面的宽窄。通常有3种可供选择的形式:

(1) 密集性分销。运用尽可能多的中间商分销,使渠道尽可能拓宽。例如,乒乓球、羽毛球、运动鞋等习惯性购买的体育产品适于采取这种分销形式,以提供购买上的最大便利。

(2) 独家分销。在一定地区内只选定一家中间商经销或代理,实行独家经营。独家分销是最极端的形式,是最窄的分销渠道,通常只对适用于体育医疗康复设备等某些技术性强的体育产品或名牌体育产品。独家分销对生产者的好处是,有利于控制中间商,提高他们的经营水平;也有利于加强产品形象,增加利润。

(3) 选择性分销。这是介于上述两种形式之间的分销形式,即有条件地精选几家中间商进行经营。这种形式对所有各类产品都适用,它比独家分销面宽,有利于扩大销路,开拓市场,展开竞争;比密集性分销又节省费用,较易于控制,不必分散太多的精力。例如,耐克鞋选择在耐克城零售商店、耐克批发商店、一些运动鞋零售商店、百货公司、打折店和邮购中销售其产品。

3. 规定渠道商彼此的权利和责任　在确定了分销渠道的长度和宽度之后,体育营销者还要规定中间商彼此之间的权利和责任,如对不同地区、不同类型的渠道商给予不同的定价、价格折扣、质量保证、交货和结算条件和跌价保证。

### 四、体育产品促销策略

促销包括所有形式的面对消费者的传播,包含一切与现实的和潜在的目标市场进行交流的方法。促销主要有广告、公关、人员推销、销售促进和赞助等多种形式。体育营销者往往会组合使用若干种沟通工具。体育营销者和公众沟通时运用的组合工具被叫做促销组合。每一种促销工具都有其独特的功能,体育营销者根据给定的预算确定一个最有效率的促销组合,以达到促销目标。

营销者应该进行整合促销传播。也就是体育营销者让要各种不同的促销因素传达始终如一的一致的信息。

### (一) 广告

广告是由广告商付款的有关一个产品、服务或创意的单向大众传播形式。广告策略需要考虑广告诉求、广告执行和广告投放等3个问题,也就是回答说什么? 怎么说? 在哪里说?

1. 广告诉求　要告诉消费者一个购买这个体育产品的理由,也就是向消费者传播产品的独特优势。体育营销的广告诉求主要有健康的身心、释放压力、情感归属和快乐等。

(1) 随着人们对健康的日益增长的关注,健康诉求在体育产品广告中变得流行起来,这也是体育产品和其他替代产品的主要差异之一。因此,健康也成为很多体育广告的诉求点。

(2) 体育产品的消费者高度参与性和情感高依恋性也决定了在体育营销广告中,情感归属的广告诉求成为体育营销者常用的方法。球迷对他们喜爱的运动员和运动队有高水平的专注和情感认同。一些球迷甚至把他们自己看做是球队的一部分。

(3) 快乐诉求是为那些为娱乐、社会交往或享乐而参与体育运动或观看体育比赛的目标观众而设计的。

**2. 广告执行** 如双面信息、比较性广告、生活片段、科学性和明星代言等信息表现方法可以增加广告的可信度和说服力。

（1）双面信息是指广告在描述产品积极方面的同时，也描述消极的方面。这会让广告的受众群体增加对信息的信任度。

（2）比较性广告是指在广告中拿一个体育产品和另一个产品进行比较，从而强调他们比与所竞争的产品所具有的优势。这种广告提供给受众更直观的证据。

（3）生活片段是指广告通过描述目标观众熟悉的生活方式，以提高受众对体育产品的接受程度。

（4）科学性广告是指对体育产品的技术优势进行特写或使用调查或科学性研究来支持他们的主张。

（5）明星代言广告是指利用明星作为产品的形象代言人对有关体育产品进行推荐。明星代言人的说服能力取决于广告受众对于他们的信任度。如果明星具备判断体育产品所拥有的知识、技术或专门经验，诚实并值得信任或者具有魅力，那么这个代言人将对广告受众产生很大的积极影响。但是明星代言也包含着风险。首先，明星代言成本很高；其次，一些明星会因发生丑闻导致信任危机，进而波及代言品牌。因此，一些品牌往往选择使用已经已故的运动员作为代言人。

**3. 媒体策略** 媒体是指广告信息传播的渠道。媒体数量的激增使选择正确的媒体成为一个艰巨的任务。体育营销者需要了解目标消费者的媒体接触习惯，才能选择出合适的传播媒体。同时，体育营销者需要根据体育产品的需求特点进行媒体日程安排，如果需求具有持续性，则需要考虑连续性的日程安排。例如，跑鞋的体育营销者往往在全年有大致相等的需求量和广告花费。而大多数具有季节性的体育产品，则不需要连续性日程安排，这些体育营销者的广告花费在不同月份中是变化的。例如，休斯敦太空人队的大量广告花费出现在赛季前的3月、4月和5月，并一直持续到赛季，在其他月份则是相对较少地提醒性广告。而在冬季的月份里，广告花费是零。这种类型的日程安排在职业体育营销中比较流行。

**（二）人员销售**

人员销售是指为了建立消费者关系和生产或销售体育产品而设计的一种互动形式的人际传播交流。人员推销经常被用在对组织消费者的促销中。例如，获得企业赞助，销售运动场的豪华包房或包厢，兜售企业和团体订票，劝说体育用品批发或者零售商进货和增加库存等方面。人员推销是人对人的传播形式。这种形式的促销方式有利于建立和维持体育营销者和体育消费者之间的长期关系。事实上，关系营销已经成为体育营销者普遍使用的促销方法。

**（三）销售促进**

销售促进是指为刺激体育产品需求而设计的短期奖励。销售促进的首要目标是为了增加短期销售。除此之外，销售促进的目标还包括提高品牌的知名度、拓宽分销渠道、提醒消费者或为了赢得新消费者的劝诱试验。体育营销者可以使用的各种销售促进工具有赛事现场的抽奖活动、样品发放、现场陈列和发放折扣券等。

**（四）公共关系**

公共关系是指体育营销者在各类利益相关公众心目中建立一个良好形象。这些各类利益相关公众主要包括公务员、政府、社团、企业、运动项目协会、志愿者、职员和上下游合作方。公关方法主要包括召开新闻发布会或记者招会，发表年度报告，为媒体提供球队的新闻报道和参加社区公益事业等形式。

### （五）赞助

赞助是最为流行的体育用品营销策略之一。赞助是有偿使用体育品牌的行为,是赞助方支付特许使用费或费用来交换使用体育品牌。通过赞助,让运动员、运动队、赛事名称和标志出现在产品上,可以将消费者对于运动员、运动队、联盟或赛事的积极态度被转移到赞助品牌的产品或服务中,更快速、更节约地获得品牌知名度和美誉度,增强和分销商的谈判筹码,对产品收取较高的价钱,获取更高的利润率。但是,一旦选择的运动员、运动队、联盟或比赛发生危机事件会也让赞助者面临风险。

## 本 章 小 结

体育营销策略是体育企业根据体育消费者需求,结合体育市场变动和竞争者情况,所采取的市场调研、选定与营销推广的行为过程。体育营销策略包括体育市场细分策略、体育目标市场选定策略、体育市场定位策略和体育营销组合策略。体育市场细分是指企业以消费者为对象,根据体育消费者需求的差异性,以某些特征或变量为依据,把整个市场划分为若干个子市场,以确定目标市场的过程。体育目标市场的选定有多种不同的模式。定位是指体育营销者定义并传播与竞争对手的差异,从而为自己的产品或者形象在目标顾客心目中占据一定的特殊位置而采取的行动。体育营销组合包括体育产品策略、体育定价策略、体育分销策略和体育促销策略。

### 思考题

1. 体育市场定位的依据有哪些?
2. 体育产品分销渠道有什么特殊形式?
3. 体育产品促销的主要手段有哪些?

# 第四章

# 体育赛事营销

**本章要点**

- 体育赛事营销的定义
- 体育赛事营销的发展
- 体育赛事营销的特点
- 体育赛事营销的对象与需求
- 体育赛事营销的产品和方法

### 案例导读

**利用全国运动会平台营销国际知名运动品牌**
——第十届全国运动会足球项目商业赞助策划始末

第十届全国运动会是2008年北京奥运会前国内举办的最后一次全国性综合体育盛会,其中足球项目原本应受到社会公众与大众媒体的热切关注,受到众多商家的热烈追捧。然而,近年来由于众所周知的诸种原因,国内的足球市场并不被人们看好,如中超联赛,许多赞助商纷纷撤资,造成中超没有冠名的局面。因此,第十届全国运动会足球项目在寻求商业赞助方面存在着相当大的困难。

当人们普遍对第十全运会足球项目的商业赞助不看好时,江苏东恒国际集团却通过精心策划、积极运作,在中国足球市场整体疲软的情况下以极大的诚意、认真的态度和专业的运作能力感动客户,与香港恒宝利国际集团合作,成功引入意大利著名的国际服装品牌乐途(LOTTO)赞助冠名第十届全国运动会足球项目。媒体惊呼:第十届全国运动会足球比赛冠名卖出了天价!认为这是对两年来未得到冠名的中超联赛的巨大讽刺。

## 第一节 体育赛事营销概述

### 一、体育赛事营销的定义

著名的营销学家菲利普·科特勒认为,营销是指个人或者群体通过创造并同他人或者群体交换产品和价值,以满足需求和欲望的一种社会管理过程。在此定义的基础上,笔者将体育赛事营销定义为以体育赛事及其相关产品和服务为载体,以满足体育赛事相关利益个人或者群体需求为目标的一种运作管理过程。体育赛事营销根据营销主体的不同而具有不同内涵。

从广义上讲,任何与体育赛事有利益关系的人或者群体都可以成为营销主体,主动的运用营销手段,使体育赛事为满足其需求而服务。申办体育赛事的当地政府可视为赛事营销的主体,其申办赛事是为了对城市和政府进行营销,使赛事成为宣传城市的名片,提高城市知名度、美誉度等。参与体育赛事的运动员也能成为赛事营销主体,尤其是在完全市场化运作的西方发达体育赛事市场中,运动员及其经纪公司会对运动员参与的赛事进行仔细选择,以利于运动员经济水准及个人知名度的提高。向体育赛事提供赞助和支持的企业也是赛事营销主体,通过赛事平台建立与消费者的沟通渠道,传递企业信息,增加产品销量,提升企业品牌等。

从狭义上而言,体育赛事营销主体只能是对体育赛事有经营决策权的个人或者群体才能成为体育赛事营销主体。此种意义上的体育赛事市场营销主体即体育赛事的运作管理机构。

本书所阐述的体育赛事营销,正是从狭义的范围出发,即站在体育赛事运作管理机构的角度,探讨在不断变化的体育赛事运作环境中,如何以体育赛事为载体,通过识别、整合、推广,采用合适的方法营销体育赛事的价值资源,来满足赛事相关利益者的需求,从而实现体育赛事的经济及社会效益。此种意义上的体育赛事营销主要包括如下内容:向运动员介绍赛事,吸引运动员参加;吸引媒体报道赛事;吸引公众前来观看比赛或者关注媒体对赛事的报道;与政府部门沟通,以获得政府对赛事强有力的支持及参与;寻求企业及其他团体、个人对赛事的赞助、捐赠与支持;寻找能为赛事提供各种高效、专业化产品与服务的专业公司。

## 二、体育赛事营销的发展

### (一)体育赛事营销产生的背景

在计划经济时代,体育在我国是一项高度集权下的社会公益事业,具有一定的政治性和计划性的特征。但随着我国改革开放的进程和社会主义市场经济体制的进一步完善,体育赛事已逐渐登上时代的舞台,而且体育赛事不仅仅是运动技能的交流平台,体育赛事更是发展成为一种提供竞赛产品和相关服务产品的平台,其规模和形式除了受竞赛规则、传统习俗和多种因素的制约外,还具有项目管理特征、组织文化背景和市场潜力,是一种能够迎合不同参与者分享经历的需求、能对社会和文化、自然和环境、政治和经济、旅游等多个领域产生冲击的特殊事件。体育赛事运作得好,能够产生显著的社会效益、经济效益和综合效益。因此,将体育赛事作为一种商品进行营销,是以市场为导向的经济运行体制下的客观产物和必然选择。

### (二)体育赛事营销的发展历程

体育赛事作为一种服务型商品,当然其也存在一定的商品共性。因此,体育赛事营销必须满足商品市场的一般营销原理。本文将体育赛事营销发展历程划分为传统营销阶段和整合营销阶段。

1. **体育赛事传统营销阶段**　传统的体育赛事营销是指赛事组织者对赛事进行现实的市场营销。对于赛事的市场营销首先要制定一个整体的营销规划,具体包括体育赛事组织的具体目标、内部和外部分析、赛事营销目标、市场选择、营销战略、组织与实施以及控制。重点是赛事的营销目标和营销策略。它主要包含以下内容:①与政府官员进行沟通,获取政府在资金和政策上的支持;②有效地营销赞助商,获得更多的资质、实物和技术等赞助;③宣传推广赛事,吸引运动员参与赛事;④宣传推广赛事,吸引或邀请媒体报道赛事;⑤吸引观众观看比赛或关注赛事的相关媒体报道;⑥寻求能为赛事提供优质、高效和专业化服务的合作公司。

2. **体育赛事整合营销阶段**　随着市场竞争的日趋激烈,组织者为了更高效地利用资源,拓宽营销渠道,开始在传统体育赛事营销策略基础上寻找更有效的营销方式,开始逐渐引入整合营销。

体育赛事整合营销具体是指以体育赛事为核心,把诸多营销沟通方式整合在一起,促使不同的营销沟通方式互为补充,从而更好地发挥协同效应,达到最大限度地宣传体育赛事,并获得最大化的社会效益和经济效益的目的。在体育赛事整合营销模式中,所有的营销沟通方式均围绕着体育赛事展开,重复持续地向广大消费者传递同一个理念,突出同一个主题,最终实现同一个目标,千万不能出现不同部门、不同比赛、不同方式所表达的内容不相吻合的现象。在这一方面,目前奥运会的整合营销模式便可以作为一个佐证:2008年奥运会的主题是"人文奥运、绿色奥运、科技奥运",则奥运会主场馆的建设集中体现了"科技奥运"的精神;具有浓厚的中国色彩的奥运吉祥物"福娃"表现了"人文奥运"的精神;奥运场馆的建设集中强调"绿色奥运"。同时,不同的整合营销模式沟通方式之间存在着相互的作用,体育赛事主办方在配置资源时,应避免在不同沟通方式上的重复投资,而应该依据沟通方式的投入收益率合理配置资源,使不同的整合营销模式沟通方式之间形成互补之势,充分发挥协同效应。

**(三) 体育赛事营销在我国的发展现状**

随着中国体育市场的蓬勃发展和大众对体育热情的不断高涨,体育运动在当今社会生活中正扮演着越来越重要的角色。目前,我国体育赛事营销已越来越受到体育赛事运作管理部门的重视,但在我国的发展还处在初级阶段。

由于我国体育赛事专业化营销起步较晚,赛事的产品都还缺乏准确的定位,体育赛事的质量也缺乏稳定性。经过10多年的发展,从表面看来,我国体育赛事似乎更职业化了,如CBA、足球超级联赛、排球、乒乓球等不同项目也都成立了全国性的赛事联盟。然而,球员素质、球场暴力、裁判黑哨及球迷骚乱等不和谐因素时常带给观众负面的联赛形象,特别是"中国足球赌球黑幕"更是让中国的老百姓寒了心。此外,针对每次"意外"的发生,项目协会负责人、俱乐部管理者等主管面对危机时的表现大多差强人意。所有这些都降低了观众、赞助商等群体对比赛整体质量的价值感知,对国内赛事整体水平的提高也必将产生不利影响;长此以往,它们都有可能成为妨碍赛事市场发展的瓶颈,并且对整个赛事市场的经营和运转也会造成难以估量的损失。

与此同时,我国体育赛事营销理念还比较滞后,部分赛事主办方还没有脱离计划经济的思路,体育赛事营销手段也相对简单,缺乏专门的营销人才和机构,赛事核心产品开发不充分,轻视配套服务,致使消费者流失。宣传效果不理想,媒体投放和宣传的盲目性较大,不看重宣传的延续效应。法规体制不健全,缺乏成熟的市场操作。目前尚无对赛事营销具有明确指导意义的法规,立法落后于赛事营销的实践;对于本土和跨国企业,中国赛事市场的营销竞争只是刚刚开始,对于国外经验的移植是否会成功等问题值得讨论。

体育赛事往往存在由于自然因素(如各种自然灾害)和人为因素(如体育活动组织管理不善或权益纠纷等)而造成人身伤害和经济损失的风险,尤其是群众性体育比赛活动,一旦发生意外,造成的损失和影响不可估量。这就要求一方面要加强体育赛事营销立法工作,当前体育法规对体育市场和经营作了规范,但对体育赛事营销的发展没有深入研究,所以还需要细化和完善;另一方面,要加大体育法律法规的教育宣传工作,提高体育管理者的风险意识和社会责任感,建立和实施风险管理计划,规避和转移风险,降低风险所造成的损失程度。

**三、体育赛事营销的特点**

体育赛事是一种具有项目管理性的特殊事件,其规模和形式受规则、习俗和传统影响,具有组织文化背景和市场潜力,提供竞赛产品和相关服务,迎合不同利益相关者的需求,达到多种目的,对社会和文化、自然和环境、政治、旅游和经济各个领域产生冲击影响。赛事营销是体育赛事必不可或缺的环节,因为赛事是创造服务无形产品的,具有很强的无形性特征,不论赛事目的是赢利或是非赢利,给包括赞助商、观众等在内的消费者提供服务的本质就决定了市场营销是赛事必然的内容和任务。对于体育赛事运作管理部门来说,体育赛事营销主要有以下特点。

### (一) 复杂性与系统性

体育赛事营销作为一个庞大而系统的工程,涉及很多方面的工作,营销的对象也比较广,且体育赛事的类型和规模的不同会对赛事营销有不同的要求,处于不同环境下的赛事营销会有不同的表现,因此体现了一定的复杂性。但体育赛事自身存在一定的规律,赛事营销的开展也具有一定的规律可循,而且仔细识别赛事的规律是应对体育赛事营销复杂性的关键环节,从这方面看,体育赛事营销具有一定的系统性。

### (二) 公益性

体育是全世界人民共同热爱的活动,而体育赛事则是传播体育价值的重要平台,是实现无声交流的重要手段。作为富有文化特征的产品,体育赛事营销为各大主体提供了精神传递与文化交流的平台,通过发挥体育给人们带来的积极的情感体验开展营销传播活动,不仅有利于提升价值观念和品牌形象,而且有助于各个民族、国家、全世界人民跨越国界和种族的友谊。通过体育赛事营销所产生的效益从单一的经济效益发展到政治、经济、文化和社会生活方面的综合效益。

### (三) 风险性

体育赛事营销的风险性主要体现在两个方面。一方面是指体育赛事本身的风险,具体包括赛事涉及的人的安全风险,赛事的组织过程中的风险,赛事涉及的设施、设备、工具的安全风险;另一方面是指体育赛事营销的潜在风险,包括营销人员、营销对象和营销方法的风险。

---

**相关链接**

**环岛大帆船赛获"CCTV第七届十大体育营销经典案例"称号**

创办于2010年的大帆船赛是海南省着力打造的三大品牌赛事之一。赛事由国家体育总局水上运动管理中心和海南省文体厅共同主办,每年一届。大帆船赛自举办以来,致力于打造品牌赛事,并借助赛事营销,宣传推广海南国际旅游岛,举办环岛大帆船赛对国际旅游岛是一次生动的品牌营销。

一是采用"政府主导、企业参与、市场运作"的体育营销模式,共同打造大帆船赛大品牌。历届大帆船赛得到了国家体育总局和海南省委、省政府的支持。2011年,世界500强企业中粮集团成为2011年环岛国际大帆船赛的独家冠名赞助商。此外,中国联通、奥迪、可口可乐、红牛、京润珍珠、海南啤酒和中华宝艇等20家国内外知名企业也倾情赞助本届大帆船赛。

二是通过"平面媒体、电视媒体、新媒体"全方位立体式宣传,保证达成营销效果最大化。在媒体运用上,以电视现场直播为核心,同时以网络、报纸、杂志、微博等多种媒介进行全方位立体式宣传。

三是通过赛事传播营销带动国际旅游岛体育旅游产业的快速发展,引爆品牌赛事经济效益。每届大帆船赛都会吸引与船队相关的人士及无数爱好者到各经停站,有效地带动了海南体育旅游业的发展;大帆船赛的举办,也推动了海南各地码头、港口等设施的建设,吸引了更多中外游客到海南来休闲度假。

体育营销学

## 第二节 体育赛事营销的产品与方法

### 一、体育赛事营销的对象与需求

#### (一) 体育赛事营销的对象

体育赛事的营销对象具体是指体育赛事的主要利益相关者。即由于体育赛事的原因或者结果影响的任何人、集体、或者组织。本文在国内外学者的研究基础上,充分考虑了我国的现实国情和当前体育赛事运作的实际情况,最终认为目前体育赛事的营销对象主要包括政府、赞助商、运动员、媒体、观众、中介及经纪公司、专业合作结构等。下面逐一分析各对象的特点及基本需求。

1. 政府 在我国现阶段,政府是体育赛事营销对象中最主要的营销对象之一。首先,由于我国体育管理体制的原因,政府控制着大量的赛事资源。《中华人民共和国体育法》第三十一条明确规定:"国家对体育竞赛实行分级分类管理。全国综合性运动会由国务院体育行政部门管理或者由国务院体育行政部门会同有关组织管理;全国单项体育竞赛由该项运动的全国性协会负责管理;地方综合性运动会和地方单项体育竞赛的管理办法由地方人民政府制定。"如全运会、城运会等综合性运动会及全国各单项体育赛事的所有权都属于国家。

其次,政府是体育赛事的主要需求者。随着社会的发展,大量成功案例表明体育赛事在政治、经济、文化等方面的作用已日渐凸显出来。政府借助体育赛事的举办有利于提高举办地的关注度、知名度、美誉度;同时有利于体育事业等公共事业的可持续发展,增强投资者的信心,促进举办城市的基础建设和环境的改善,促进"政治文明,精神文明,物质文明"的建设。可以说政府的权力是一种非常重要的资源,需要进行详细的策划,主动地利用这一资源。要向政府宣传通过举办赛事能够为举办地带来的利益,如知名度的扩大、美誉度的提升、综合性的社会效益等。最终要达到的目的是引起政府的关注,并让其提供政策支持,提供政府各部门的协助,并通过政府号召来扩大民众对赛事的关注与支持,进而提升体育赛事的价值。

2. 赞助商 是体育赛事组织者重要的营销对象。一方面,对于企业来说,成为体育赛事的赞助商是企业市场营销的一个绝好机会。通过市场营销来塑造企业形象正日渐成为全球范围内的一种通行做法,由于体育赛事赞助沟通对象面广量大、有针对性,且广告效果自然、容易被接受,再加上赞助回报的多元化特征,体育赛事赞助,尤其是奥运会、足球世界杯以及一些大型体育赛事的赞助,已经成为企业提升产品知名度和美誉度的重要手段。另一方面,对于体育赛事组织者来说,赞助商是体育赛事成功运营的重要组成部分,赛事赞助商既可以为体育赛事组织者提供大量的资金和现金等价物,同时还会投入大量的人力、物力和财力用于赛事的宣传和推广。

因此赞助商的选择和谈判是体育赛事营销最重要的一个环节之一。吸引不同层次的企业是体育赛事营销最为重要的目标之一,也是赛事运作管理机构能否为赛事筹集足够的资金,创造赛事经济效益的关键。要进行详细的赛事整体策划,寻找到企业与赛事的契合点,实现赛事运作管理机构和企业的双赢。

3. 运动员 是体育赛事的主要参与者,他们的表现带来了视觉上的刺激和精神上的娱乐,他们是体育赛事的重要主体之一。因此,运动员是体育赛事营销的主要对象,尤其是吸引高水平运动员的参赛能够提升赛事的档次和水平,从而引起全世界的瞩目。比如每年举行的网球四大满贯赛事,集中了全世界网球最为顶尖水平的运动员参赛,效果和影响力巨大,短短的十几天的赛事成为人们盛大的节日。赛事运作管理机构可以与运动员所在的俱乐部、运动队或者教练、经纪人联系,吸引大量的高手参赛。

4. 媒体　体育赛事与媒体之间存在着密不可分的关系。一方面,体育赛事需要媒体的大量报道来唤起人们对体育赛事的关注,另一方面,媒体通过报道大量的人们感兴趣的体育赛事来获取更多的利润,所以体育赛事与媒体一直维持着不可分割的共生关系。早在1895年,美国的报纸就开始大量地报道体育比赛情况,当时纽约的报纸专门开辟体育版,大量报道体育赛事,引起了读者的强烈阅读兴趣。体育赛事媒体转播权、报道权,在当今已成为一种国际公认的知识产权,并且成为保持现代体育赛事生存与发展的基本收入之一。在国际奥委会开展创收活动的初期,所有的收入基本上来自于奥运会出售电视转播权,最高时达到国际奥委会总收入的95%,而2004年雅典奥运会电视转播权仍占该届奥运会市场开发总收入的50%以上。在世界范围内,足球市场开发中电视转播权也占有同样地位。据统计,欧洲国际足球俱乐部的电视转播权收入几乎占其全部收入的10%~20%,有的甚至达到38%。从国外的一些体育赛事来说,出售媒体转播权、报道权成为赛事生存的重要经济支柱。

媒体是体育赛事组织者做好宣传工作需要借助的强有力的手段。因此,要正确认识赛事的运作管理机构与媒体合作是共赢的关系,进而处理好与媒体的关系。通常大型体育赛事在筹委会成立时,赛事倒计时一周年都会召开新闻发布会,这时需要向重要的媒体发出邀请函,向媒体介绍赛事的特点与亮点。赛事的组织管理机构也可以视赛事的情况选择特定的媒体作为合作者。

5. 观众　这里所指的观众是广义的概念,既包括直接到比赛现场观看体育赛事的现场观众,同时还包括通过电视、网络等媒体观看体育赛事的观众。成功的国际体育赛事告诉我们,观众和运动员、教练员、裁判员一样,已经成为体育赛事不可或缺的主体,它是体育赛事重要的利益相关者之一,与体育赛事的诸多方面关系密切。

(1) 体育赛事的精彩程度决定着观众的数量。通常情况下,体育赛事的项目越普及、级别越高、悬念越强则观看比赛的观众就越多。根据CSM媒介研究全国测量仪收视调查,北京奥运会期间,17天内收看中央电视台奥运转播及相关体育报道的累计观众人数就达到11.2亿人次,占全国总人口的92%。另外,2008年的NBA"姚易大战"更是吸引了2亿观众通过电视、网络观看了比赛。可见,观众的数量在一定程度上反映了赛事的级别和精彩程度。

(2) 体育赛事的观众与体育赛事的质量直接相关。观众是体育赛事的重要组成部分,尤其是现场观众在赛场其实是与运动员形成了一种互动的局面,运动员的表现与赛场观众的观赛行为息息相关,观众的行为符合观赛礼仪,运动员的表现则更好,体育赛事的质量就越高。正因为如此,2008年北京奥组委专门制定了"观众观赛礼仪"、"观众入场须知"等书面材料提示观众观赛注意事项。总而言之,一流的体育赛事应该有一流的观众。

(3) 体育赛事观众的多少直接影响赛事组织者的收入。体育赛事的观众与赛事组织者的收入有密不可分的关联,体育赛事观众的多少不仅直接决定了体育赛事的门票收入,同时还间接地对媒体、赞助商等体育赛事的其他消费者有着重大影响,体育赛事观众的多少直接决定着体育赛事电视转播权和广告权的交易价格。

体育赛事运作管理机构通过邮寄宣传品、媒体、互联网等渠道进行宣传,扩大赛事的受众群体,需要制定不同层次的门票,满足不同的消费群体。比如,媒体公司Initiative Media针对2005年F1大奖赛的观众情况进行了调查,剖析了F1比赛观众群体的构成情况。结果表明:与其他体育赛事相比,收看F1比赛的观众中高收入者所占比例远远领先,而高收入群体恰恰是F1进行赛事营销的主要目标。

6. **中介及经纪公司** 随着体育竞赛表演市场的蓬勃发展,为体育经纪公司的发展创造了良好的机遇。体育赛事管理部门为了吸引更多的消费者和赞助商,除了在体育赛事的技能上下工夫外,还需要运用现代化的营销手段对赛事进行精心的策划与包装。为了适应这一变化,赛事主办方将某些赛事推广工作委托给精于此道的体育中介及经纪公司来运作。

7. **专业合作公司** 体育赛事,尤其是大型体育赛事的运作管理是一个非常浩大的系统工程,工作量大,涉及面广,专业性强,时限要求高,单凭体育赛事运作管理机构一己之力很难保证赛事的成功举办,也不利于运作成本的控制和效率的提高。因此往往需要一些专业化程度较高的服务公司进行支持。比如说开幕式的设计、市场推广、旅游、餐饮、食宿的安排等,需要由专门的公司进行协助。通过与专业的公司合作,不仅分担了赛事运作管理机构的巨大压力,而且也整合了当地的资源,提高了赛事质量。因此,这些专业化的公司也是赛事营销的重要对象。

尽管我们将体育赛事的营销对象划分为以上的具有某些共同特点的群体,但同一群体中不同个体对赛事仍然会有不同的需求。例如,对于尚未进入本地市场的企业而言,赞助赛事的最大动机可能是寻求突破口,打响品牌;但对于一个已在本地拥有了较大市场份额的企业而言,它的需求是赛事如何帮助它维护已有的知名度与美誉度,或者进行产品促销,或者防止新的竞争对手进入本地。因此,在制订具体的赛事营销计划和方案时,有必要针对不同的营销对象进行更为细致的市场调研、构思与策划,这是任何赛事营销成功不可或缺的重要部分。

### (二)体育赛事营销的需求

营销对象的需求是赛事营销时首先需要考虑的重要因素。因此,充分认识营销对象的需求并满足其需求是体育赛事营销的核心所在。各营销对象的具体需求主要如下。

1. **政府对体育赛事的需求** 包括:①安全:确保社会、经济、财务和组织安全。②政治:有利于提高举办地的关注度、知名度和美誉度。③效益:有利于体育事业等公共事业的可持续发展,增强投资者信心,促进举办城市基础建设和环境的改善,促进"政治文明,精神文明,物质文明"的建设。

2. **赞助商对体育赛事的需求** 不同企业对体育赛事的需求不同,同一企业在不同时期对同一赛事需求也不同,因此必须不断创新,赞助商的具体需求如表4-1所示。

表4-1 赞助商需求

| 项 目 | 策 略 |
| --- | --- |
| 突出企业及品牌 | 提升企业知名度及正面形象 |
| 营销目标 | 增加产品销售量从而最终达到盈利目的 |
| 媒体目标 | 通过媒体力量有效接触销售目标市场 |

3. **媒体对体育赛事的基本需求** 包括:①体育赛事要具有一定的新闻价值。②赛事精彩、公正,媒体转播成本低而转播价值大。③提供良好的赛事转播报道服务。

4. **观众对于体育赛事的基本需求** 包括:①赛事要精彩,公正。②票价可以接受。③赛事现场的服务良好。④便捷与安全。

5. **运动员对于体育赛事的基本需求** 包括:①可以实现训练计划,有利于提高运动成绩,同时获得参赛资格、获得名誉和利益。②公正公平的判罚。③良好的竞赛保障与服务环境。

6. **专业机构对体育赛事的基本需求** 包括:①有利于本机构品牌的推广,并与同档次的机构合作。②现场可以实现其性能指标。③能获取一定的利润。

因此,在不断变化的市场环境中,体育赛事管理部门应首先满足不同利益相关者的需求,促进赛事的可持续发展。

## 二、体育赛事营销的产品

体育赛事营销的产品具体是指体育赛事可供开发的资源,从一般意义上讲,体育赛事营销的产品包括有形产品(如赛事门票,赛事广告等)、无形产品(如赛事冠名权,各等级赞助商等)和政府资源等。

### (一)体育赛事门票

体育赛事门票是观众观看现场比赛的凭证,属于体育赛事的有形资产资源之一,其主要营销对象是观看比赛的观众。体育赛事门票营销是赛事营销工作的重要组成部分,其重要性主要体现在以下两个方面:

第一,体育赛事门票收入通常是赛事收入的重要甚至主要部分。以奥运会为例,其收入的四大组成部分是电视转播权收入、商业赞助、许可权出售和门票销售的收入。2000年悉尼奥运会门票收入占整个赛事收入的14%,第九届全国运动会的门票收入占总收入的22%。

第二,体育赛事门票的营销情况将直接或间接影响到赛事营销的其他方面。门票营销与电视转播权营销、赛事商业权益营销等存在正相关的关系。门票销售情况良好,是向企业证明赛事受公众欢迎与关注的最直观证据;同样也是向电视转播权的潜在购买单位证明赛事具有广泛市场需求的有力证据。

门票营销情况的好坏受诸多因素的影响。不仅仅取决于体育赛事竞技水平的高低,还受到赛事的娱乐功能是否丰富、赛事的营销推广是否到位、门票销售渠道是否畅通、门票价格制定是否合理等诸多因素的影响,甚至社会环境中经济、政治、文化等各种复杂因素都会制约着门票营销的情况。而且随着体育赛事的发展,现代体育赛事已经不仅仅是一张纸票,入场后直接扔掉那么简单,它可以设计成富有创意、图案精美、具有收藏价值的纪念票,以便收藏爱好者收藏;还可以作为一种有效的广告载体。因此,体育赛事门票营销是一项复杂的、系统的工作,需要精心筹划、谨慎运作,同时注意规避各种可能的风险,及时甄别并解决各种问题。

### (二)体育赛事电视、广播、网络转播报道权

体育赛事电视、广播、网络转播报道权是体育赛事营销的重要有形产品之一,具体是指体育赛事主办单位有权决定是否给予某一电视、广播、网络机构对赛事进行转播报道的权利,以及对被授权进行电视、广播、网络转播报道的机构提出相应要求的权利。按照国际惯例,体育赛事电视、广播、网络转播报道权是谁主办比赛就归谁,如奥运会的电视、广播、网络转播报道权属于国际奥委会,我国全国运动会的电视转播权则属于国家体育总局。

体育赛事电视、广播、网络转播报道权的主要营销对象为媒体。随着我国市场经济体制改革的进一步深入,体育赛事运作管理机构迫切需要运用媒体的力量来聚敛赛事的人气,产生赛事影响力,为赛事创造更多的积极与社会效益。与此同时,现代商业社会中,电视、广播、网络等媒体经营者也面临日益激烈的市场竞争,体育赛事作为电视、广播、网络等媒体的重要内容的来源,是媒体吸引市场关注、获得市场回报非常重要的内容支撑。媒体在对体育赛事进行转播报道时,也需要从经济社会效益的角度对体育赛事进行权衡与取舍。

由此可见,体育赛事与媒体转播报道之间已经超过了简单的报道与被报道对象之间的关系,形成了一种符合市场逻辑、符合双方运作特征的相互促进、共同发展的局面。

而作为体育赛事运作管理者而言,在进行体育赛事电视、广播、网络转播报道权营销时,面临的挑战实际上是如何在媒体与赛事运作管理机构之间建立一种比较良好的关系,并且充分考虑媒体的需求,提供具有媒体转播报道价值的比赛和事件,吸引媒体的关注,从而发挥电视、广播、

网络等媒体在赛事营销中的强大作用。纵观几十年来国内外体育赛事电视转播权发展历程,其销售方式主要包括议价购买、公开招标、广告置换、中介运作和一揽子计划等方式。

### (三) 体育赛事商业权益

体育赛事商业权益主要是指体育赛事组织管理部门或机构提供给赞助商增加预期收益的各项回报权益,如冠名权、广告发布权、视觉识别系统使用许可权、排他性营销权和其他经营权等,并利用这些权益进行系列的体育赞助营销活动的各项商业回报权益。它是体育赛事运作管理部门实现经济效益和企业进行市场营销的重要资源。体育赛事商业权益主要存在以下特征。

1. **体育赛事商业权益价值的不确定性**　不同的体育赛事,由于项目群众基础、参赛的运动员水平、赛事级别和中介机构的运作能力等因素,造成了体育赛事商业权益价值的极大的不稳定性。从体育赛事商业权益的价值形成看,很大程度上取决于某一体育项目所取得的业绩或成效,也取决于群众普及程度和市场开发力度。

2. **体育赛事商业权益的期限性和时效性**　因为体育赛事都有举办的期限,不会无休止长期存在,因此它的举办权、冠名权及视觉识别系统的特许使用权等一般都具有一定的期限,这一期限一般就是从体育赛事举办到结束的时段。超过了这一时段,其商业价值即使不为零也是微乎其微。体育赛事的举办期限决定了它的商业权益具有有限的期限和时效。这就要求体育赛事运作管理部门必须抓住机遇,充分做好交易前的各项准备工作,因为过期则作废。

3. **体育赛事商业权益的可开发性**　正因为体育赛事商业权益的价值具有不确定性,也就决定了它具有可开发的特性。长期以来,我国的体育事业都是由国家来操办,各级政府是体育竞赛的主要投资方,这时候的体育事业不具有良好的市场机制和商业化环境,因此体育赛事无任何商业价值,自然也谈不上提供给企业一定的商业权益。改革开放以后,市场经济体制逐步形成,体育赛事也就有了商业化运作的可能。从世界范围内观察也是如此,体育赛事原本没有所谓冠名权、吉祥物、广告发布权、视觉识别系统使用许可权等商业权益,都是在商业运作中,为了适应市场要求,被体育赛事运作管理部门或机构所开发出来的。

因此,作为体育赛事的运作管理部门应充分了解赛事以及赞助商的需求,从而实现体育赛事商业权益效益的最大化。而企业赞助体育赛事常见的需求有:促进产品销售、提升品牌美誉度和知名度、为品牌和产品开拓新市场、维护与政府良好关系等。所以只有做到"知己知彼",才有可能正确选择和接触到可能赞助体育赛事的企业。

### (四) 体育赛事公益权益

体育赛事公益权益具体是指体育赛事运作管理部门通过体育赛事运作各种公益事业的权益,属于体育赛事的无形资产。主要包括通过体育赛事筹集慈善资金,通过运动员进行各项公益活动等。体育赛事的公益权益主要有以下优势。

(1) 体育赛事的公益权益可以增强赛事正面形象。一项传统的体育赛事不仅具有娱乐大众的功能,还要承担更多的社会责任。体育赛事如要保持长期的正面形象,赛事组织者可以借助慈善公益活动来营销自己,加深观众等对赛事在情感上的认同,向社会传递赛事社会责任感的信息,提高赛事在观众心目中的地位,从而树立赛事自身良好的社会形象。

(2) 体育赛事的公益权益能为企业提供新的营销平台。企业借助体育赛事的慈善公益活动可以增加自身产品的美誉度,又可以在大量体育观众中间进行潜移默化的广告推广,最终在社会上形成健康、向上而且有一定精神内涵的良好企业品牌形象。而品牌独特的文化内涵使得品牌独一无二,与众不同,对消费者产生亲和力,有利于产品销售,提升品牌价值和企业形象。企业通过体育赛事的公益权益进行营销活动,人们即便没有直接受益,但主观上仍会感受到企业对其的关注,从而对企业产生好感,对此品牌产生情感上的认同,从而加深对品牌的认识和记忆,增强了社会公众对企业的信任,提高了品牌美誉度。

因此,体育赛事公益权益已成为赛事管理部门进行赛事营销的重要产品之一,也是体育赛事可持续发展的重要保障之一。

### 三、体育赛事营销的方法

认识资源、挖掘整合资源和营销都是为了使资源产生效益,而随着市场经济的发展,商业竞争日趋激烈,信息科学技术的发达等使体育赛事营销方式越来越丰富多样,选择一种合适的营销方法就变得十分重要。在这个环节中,体育赛事营销的几种主要方法如下。

**(一)直接营销**

直接营销具体是指体育赛事的运作管理机构不通过任何中介渠道而直接向营销对象推广自身产品及资源。这种营销方法主要有以下优势。

1. 可以有效地控制和整合资源　无论是作为零售方式的直接营销抑或作为促销手段的直接营销,均以消费者需求识别、需求评价、市场细分和目标市场选择为基础,形成所谓整体营销或一体化营销,这些都可以在整体上有效地控制和整合资源。

2. 可以实现利益最大化　营销观念是随着整个市场由卖方市场向买方市场转变而形成的。这种观念的基本要旨,便是企业的全部经营行为以消费者需要为导向。作为20世纪70年代形成并发展的直接营销便是这一大背景下的产物,它强调的仍然是以比竞争对手更及时、更有效的方式传递目标市场上所期待的满足,以便实现利益的最大化。

3. 可以规避运作风险　与广告一样,直接营销也通过付费媒体传播广告或服务信息。但与广告不同的是,广告采用的是大众传媒而且缺乏对受众的基本了解和认识,直接营销则是根据消费者特征,如姓名、地址、电话号码和电子邮件密码等,采用相宜的媒体进行有针对性的信息传递。因此,与传统的广告相比,直接营销具有更加准确的市场定位及更加稳定的营销效应,可以规避相应的运作风险。

4. 可以有效地实现内部协调　直接营销不管采用何种直销工具,这些工具均具有针对性地传递产品、服务信息,实施销售促进及实现销售的功能。这样,广告、销售促进、人员销售三大促销工具便避免了相互分离的趋势,在直接营销上得到了完整的协调和统一。

5. 可以较好地执行回报　不管采用直邮、电话、电子邮件、商品目录书还是数据库营销等一种直销工具或几种直销工具,直接营销都致力于让消费者产生直接的回复反应。这种反应既可以是消费者的直接订购,也可以是询问或参观直销商的产品陈列室。并且,直销商或制造商根据接受信息的受众与产生反应的消费者之比,可测算反应率的高低,进而据此采用R-F-M模式(R:最近何时购买;F:购买频率;M:购买金额)建立消费者数据库,从而进一步培养、巩固与消费者之间稳定的、长期的营销关系,形成产销者与消费者之间交互回应的机制。

当然,直接营销也存在自身的局限性,主要体现在以下方面。

(1)前期要有资金投入,但不能立即产生效益。直接营销需要采用电话、信函、电子邮件、被叫集中付费800号电话、电脑网络等现代手段来进行信息传递,更要通过银行联网、信用卡、电脑来实现支付功能。所有这一切,都依赖于先进的信息技术、硬件设备等。因此在前期需要一定的资金投入,而营销是一个过程,因此而产生的效益却不能立即显现。

(2)专业技术人员不足,需要引进人才。目前在国内的直接营销的关键环节数据库系统的建立,数据库的完整性是影响直接营销成败的关键。这主要是由于一方面数据库建设和维护都需要专业的操作人员,而在这一方面人才目前还比较缺乏,需要引进。

(3)经验不足容易走弯路。到目前为止,我国大陆地区还没有较为成功的结合我国国情的直接营销案例,这的确是件令人遗憾的事。另外,我国的直接营销理论研究也相对薄弱,这些经验的缺乏也是阻碍直接营销在我国发展的原因之一。

(4)权利集中、资源集中容易滋生腐败。由于我国尚未出台有关直接营销的法律和法规,这给权力和资源都比较集中的直接营销活动造成了滋生腐败的可能,消费者保护及公平交易方面无法得到保障。比如我国目前尚未形成完善和规范的直接信函营销管理体系,制约和规范该行业的法律机制也尚未建立,因而在发展中出现了一些混乱,甚至不良公司借邮购之名趁机坑害消费者,严重损害了消费者的权益。

## (二)间接营销

间接营销是指体育赛事运作管理机构通过中介组织或者其他中间渠道向营销对象推广产品的一种营销方法。主要包含产品的整体卖、买,产品的分项代理、产品的合作开发与经营。

1. **产品的整体卖、买** 是指体育赛事运作管理机构将体育赛事的所有产品全部委托给一家中介机构推广。对于赛事主(承)办方来说,主要有以下优势。

(1)在筹备初期,即可获得一笔可观的资金,也无须再组织人力、财力作分项策划、营销和执行。

由于赛事的中介机构分担了赛事的部分业务,一方面能降低营销成本,使赛事主(承)办方将更多的精力投入到其他的领域;另一方面,可以将公司的精力更多地集中于风险处置及资产管理方面,以便提高来源于这两大领域的收益;同时赛事主(承)办方也能由中介机构的购买价而获得一笔可观的资金。专业赛事中介机构的存在还有利于赛事的运营拓宽销售渠道,增加业务来源。

(2)可集中管理一家中介机构,管理跨度小。由于业务的移交,赛事主(承)办方可以直接通过与中介的沟通来实现管理上的运作,这使得赛事的运作管理在整体上更加集约化、系统化,缩小了管理的跨度,提高了管理的效率。但这种营销方法的弊端也很明显。

第一,往往中介方的购买价较大幅度地低于评估价,且随着筹备工作的不断深入,其资源升值后,赛事管理部门不可以再获得新的效益。

由于前期资源的开发有限,中介对赛事的评估价格往往低于赛事主(承)办方的预期评估,这就使得中介方的购买价较低。而随着赛事的运营发展,资源升值以后,赛事主(承)办方又不能享受由此而带来的利润。

第二,在执行过程中尤其是资源升值后容易与中介机构发生矛盾。在赛事的运营过程中,往往出现与预期结果不一致的情况。比如赛事资源的实际产值超过当初的评价值,这就容易造成赛事主(承)办方和中介之间因利益分配而产生矛盾。

第三,中介机构不容易融入筹备工作人员中,筹备工作与资源开发工作往往不协调。在赛事的筹备过程中,赛事主(承)办方常常自己安排工作人员,而中介机构往往无法介入,这就造成筹备工作与资源开发上存在业务上的脱节,这种不协调容易阻碍赛事整体上的运营效率。

而对于中介机构来说,这种营销方法主要存在以下优势。

第一,可以用较低的价位,取得本次赛事的全部资源。对中介机构的有利条件之一就是赛事前期资源的开发空白,这使得中介对赛事的评估价格往往没有较多的利润预期,这就使得中介方以较低的购买价取得本次赛事的全部资源。

第二,可以集中挖掘、整合新的资源,提高知名度,可以对成本进行较准确的控制。当得到赛事的全部资源以后,中介就可以利用自己的营销和市场优势对赛事进行全方位的营销,随着赛事知名度的提升,赛事资源会相应增值,中介便可以更加有效地展开新的运营方案。

当然,整体卖、买的营销方法在中介机构层面也存在明显的劣势,主要体现在以下方面。

第一,风险独立承担。虽然赛事资源有很大的升值空间,但同时也存在一定的风险,一旦购买之后中介方就要全部承担由赛事运营而产生的种种风险,因此如果评估失当,也极有可能使中介赔本。

第二,前期投入较大。赛事资源的购买以及开发都需要前期的资金投入,这是中介必须面临的问题,因此当合理评估决定购买之后便要做好较大投入的准备。

第三,主办方及相关部门协调与沟通的工作量较大。在赛事运营过程中中介的一项重要工作就是做好与主办方的沟通,在实际沟通中最大的问题是因利益冲突而产生的种种矛盾,这就需要中介做好与主办方及相关部门协调与沟通的工作。

第四,不易在回报执行过程中得到相关部门的支持。在执行过程中由于控制赛事执行的是主办方及相关部门,因此中介在一些工作执行,尤其是回报执行中往往需要得到相关部门的支持,但是由于管理部门与中介之间的管理权限问题,中介不易在回报执行过程中得到相关部门的支持。

2. 产品的分项代理　是指在完成资源整合并确定了营销规则后,将资源分类列项,同时做好竞赛项目的资源配置,将这些项目分别委托给相应的中介代理机构的方式,也就是将整个资源中的一项或者几项资源买断(卖断)的方式。分项代理的营销方法对于赛事主(承)办方来讲,主要存在以下优势:①可以最大限度地获得利益;②可以最大限度地规避营销风险;③与中介机构的协调难度小。但与此同时,也存在着容易浪费资源,管理跨度大和需要承担风险等劣势。

而对于中介机构来说,分项代理的营销的方法主要有以下优势:①可以与已有客户做良好的资源配置。②投资成本与风险相对较小。③无须承担回报成本和合同的风险。

当然在中介层面,分项代理的营销的方法也存在一定的劣势,主要体现在以下方面:①不容易取得优势资源。②如果运作不成功,有可能造成经济与名誉损失。③主办单位变数较大。④承担来自客户对回报执行中的责任。⑤总体利益小。

3. 产品的合作开发与经营　是指由中介机构与赛事的组委会签订合作协议,让中介机构成为组委会的工作人员,两者紧密合作,共同开发,利益被捆绑到一起。这种营销方法还在不断地探索中,并有了成功的案例,在体育赛事市场营销实践中较易被赛事组织接受。

体育赛事的主要营销方法除上述方式外,在实际营销中往往有许多方法同时运用或交叉采用。无论采用何种方法都要坚持管严、管好"资源的统筹权、规则的制定颁布权及合同签订、合同履行、钱物到账"等关键环节。必须坚持符合竞赛规程,遵守赛事规则,服从统一领导,为体育赛事服务。

**相关链接**

### 小投入,大产出,多赢的赛事营销运作
#### ——2004雅典奥运会亚洲区拳击资格赛营销推广

赞助商的选择和谈判是体育赛事营销中最重要的一个环节。吸引不同赞助层次的企业是体育赛事营销的最重要的目标,也是赛事运动管理机构能否为赛事筹集足够的资金、创造赛事经济效益的关键。要进行详细的赛事整体策划,寻找到企业与赛事的契合点,实现赛事运作管理机构与企业的双赢。

体育赛事市场营销主体是体育赛事运作管理机构,但在市场经济社会当中,从事体育赛事市场营销的却远远不止体育赛事运作管理机构,还包括各种专业的广告公司、公关公司、体育赛事推广机构等。尽管中国职业化、规范化运作的代理机构数量少,规模小,其发展壮大必然有一个长期的过程,但它们已日益成为体育赛事市场营销中的重要力量。

2004中国国际拳击公开赛暨雅典奥运会亚洲区拳击资格赛,在赛事推广时间极短、资金缺乏的情况下,通过赛事营销运作,迅速筹集到了250万元资金,并实现了近97.8万元人民币的盈余,不失为在国内发生的非常成功的一项单项体育赛事营销案例。

# 本 章 小 结

体育赛事作为现代社会生活中的一项重要的活动内容,它不但对社会的政治、经济、文化、外交等领域的发展产生重大的影响,而且对民众的物质生活、精神生活以及身心健康都产生深刻的影响。近年来,我国的体育赛事发展迅猛,体育市场异常火爆,各种体育赛事更是频繁举行。但是一项成功的体育赛事需要有忠实的观众,稳定的上座率,还要有很高的收视率,以此获得电视转播权的出售,拥有企业赞助。而在市场经济条件下体育赛事商业化运作是一种必然趋势,所以体育赛事也需要进行营销,充分满足赛事不同利益相关者的多元化需求,这样才能实现其效益的最大化。

**思考题**

1. 体育赛事营销与传统营销有什么区别?
2. 体育赛事营销有哪些特点?
3. 体育赛事营销的产品有哪些?
4. 常见的体育赛事营销方法有哪些?

# 第五章

# 职业体育俱乐部和职业体育联盟营销

**本章要点**

- 职业体育俱乐部和职业联盟的概念
- 职业体育俱乐部和职业联盟营销的特点
- 我国职业体育的发展
- 职业体育俱乐部和职业联盟的营销产品
- 职业体育俱乐部和职业联盟的营销策略

**案例导读**

## 皇家马德里俱乐部体育营销再创奇迹续约阿迪每年净赚5 000万

2009年圣诞假期中的皇家马德里俱乐部收获了一份相当厚实的圣诞礼物。据西班牙《马卡报》透露,皇马已经和阿迪达斯公司达成一致,阿迪公司将与皇马将赞助合同续约到2014年,年赞助费金额则将翻番达到5 000万欧元之巨。

阿迪达斯原本不想与皇马提前续约,但弗洛伦蒂诺的到来使得阿迪公司不得不改变战略。随着C罗、卡卡、本泽马等巨星的到来,弗洛伦蒂诺有了逼迫阿迪公司提价的底气。皇马以终止合作作为杀手锏,并最终成功迫使阿迪达斯接受了赞助费翻番的新合同。

弗洛伦蒂诺复辟后,皇马在体育营销方面有了极大进步。在与阿迪达斯续约之前,皇马也与胸前广告赞助商Bwin博彩公司进行了提前续约。在未来4年间,Bwin将会向皇马一共支付9 200万欧元的赞助费,而此前合同规定的年赞助费只有1 600万欧元。不久之前,皇马还与沙特电信公司达成一致,新战舰意欲开辟西亚市场。

2009年夏季,皇马一共花费了2.57亿欧元用于引援,弗洛伦蒂诺曾宣称这笔钱他很快就能赚回来。弗洛伦蒂诺的举动曾遭到了多方质疑,巴萨财务总监马丁就直言"光卖球衣不可能收回成本"。但从目前情况来看,弗洛伦蒂诺的确在商业开发上有自己的独到之处。皇马的出色战绩也给了老佛爷底气,欧冠小组出线后皇马至少可以获得1 300万欧元分红,这笔钱和阿尔比奥尔的身价已经相去不远,今夏皇马为他支付了1 500万欧元。

# 第一节 职业体育俱乐部和职业体育联盟营销概述

## 一、职业体育营销的概念和特征

1. 职业体育营销的概念　职业体育(professional sports)是相对于业余体育(amateur sports)而言的,特指那些以体育为主要生计的个人和组织的职业性活动。职业体育营销是指职业体育营销主体通过创造以及与目标消费者交换职业体育产品来实现他们自身目标的一种社会管理过程。职业体育营销主体主要有职业运动员、职业俱乐部和职业联盟。职业体育赛事是职业体育的核心,也是职业体育向社会提供的最为重要的体育服务产品。职业体育营销的核心任务就是向市场提供体育竞技表演,满足体育消费者的观赏需求,并通过交换为职业体育经营主体赚取利润。

依据职业体育营销主体的不同,职业体育营销可以分为3个层面的营销,分别是职业运动员营销、职业俱乐部营销和职业联盟营销。本章主要探讨职业俱乐部营销和职业联盟营销。

2. 职业体育的特点　职业体育具有商业性、娱乐性、竞争激烈性、区域对抗性、民众参与性、明星感召性和高风险性等特点。

(1) 商业性。在西方体育文化中孕育出的职业体育极其强调功利性,在功利性的驱动下产生了一系列变革:运动员自由人地位的确立,运动技能价值观的变更,产权的明晰,对法人代表的重新认识,这既促进了职业体育向更高的竞技水平发展,也有力地推动了职业体育的商业化。与此同时,在电视传媒业发展的带动下,职业体育商业化愈演愈烈,其收入涉及门票、广告与赞助、电视转播权和经营许可权等多个渠道,除此之外,其文化的商业功能还促进了相关产业的发展(如场馆、彩票和服装等),高质量的职业体育赛事给职业体育组织带来了巨大的经济收益。

(2) 娱乐性。作为娱乐表演文化产业的分支,职业体育不仅是一项运动,更是一项影响广泛的娱乐事业。娱乐性是职业体育产生的初衷,也是其得以生存的前提之一,失去娱乐性,职业体育就回归为专业比赛。因此,激烈的职业体育比赛,表征是追求优异的成绩,本质却是为了让观众得到快乐的体验,从而使商业价值得以实现。把赛事打造成娱乐大餐是西方职业体育组织经营赛事的潜规则,其中,绚丽的灯光、热辣的劲舞、欢快的音乐、煽情的讲解、精彩镜头的回放及互动节目无不是在为给观众营造快乐的氛围。

(3) 竞争激烈性。职业体育的娱乐性通常只限于观众,对运动员来说竞赛永远都是一场激烈的争斗。其竞争的激烈性体现在:①强调速度和力量,发达的肌肉、健硕的体魄几乎是职业运动员共同的体能特征;②男性化特征明显,那些拼争激烈、充分显示男性刚毅品质的项目,往往得到社会公众的热捧,具有较高的商业价值;③激烈的对抗必然导致伤病时常发生,而运动员面对伤病,勇敢地抗争,重返赛场,尽显自强不息的精神,引发观众的情感共鸣,这是职业体育必不可少的看点;④没有灰色地带,只有胜者和败者两个鲜明的概念,居间长期生活在如此环境之中的职业运动员,他们需要有很强的心理调节能力才能适应,而这一切对观赏职业体育赛事的社会公众来说具有无可替代的代偿效应。

(4) 区域对抗性。"职业体育就是区域性对抗",这个多次重复的命题在波澜壮阔的职业体育赛事中被观赏者无数次细细体会。从一方面来说,职业体育赛事中少有"为双方队员的精彩表演鼓掌加油"的现象发生,尽管有观点认为,职业体育比赛应是双方共同欣赏的一场娱乐活动,但事实并非如此。当主队球迷面对来访的球队时,不自觉地会加以排斥,故主队一方打出的标语往往充满侮辱、谩骂之意,而这正是体育迷的地域特征表现。从另外一方面来说,当一场势均力敌的比赛来临之际,媒体常常会大肆渲染,制造对立的气氛,整座城市同仇敌忾,球迷激动不已。当然,对抗的基础并非仇恨,而是对于自己球队的挚爱,源于城市荣誉和尊严的熏陶。在竞赛的环境之中,球队的标志就是一种信仰,有了这份忠诚,职业体育才能兴旺昌盛。

(5) 民众参与性。如果职业体育提供的产品吸引不了观众的注意力,那么任何与职业体育有关的附加产品都是没有意义的。某一职业体育项目能在某一地区得到认可和蓬勃发展,都是因为该运动的文化价值深入人心,有众多的民众关注和参与。精彩的职业体育必须得到群众体育氛围的烘托,失去群众基础,一切都是空中楼阁而已。

(6) 明星感召性。职业体育文化倡导个人英雄主义,职业体育明星具有强大的感召力。球迷对整个球队的关注往往从欣赏、喜爱某个球星开始,其后波及其他队员,并进而扩散至整个球队。因此,球队中的超级球星,尤其是本土球星,往往是影响球队吸引力的主要因素。

(7) 高风险性。西方职业体育以追求功利作为发展动力,在形成巨大的社会文化运动时,必然要动用惊人的社会资源。职业体育很难真正削减成本,疯狂烧钱是它的一项标志,其高投入体现在4个方面:一是场馆、器材等固定资产投入巨大;二是人员工资高,高额的工资使许多俱乐部亏损,因此,职业体育的最大挑战将是控制运动员的收入;三是梯队建设投资较大,按大多数职业体育联盟准入条款的规定,俱乐部必须配备二线和三线队伍,而职业体育后备人才培养具有投资周期长、成才率低的特点,使得俱乐部不堪重负,且承担了较大风险;四是职业体育市场具有诸多不确定性因素,高投入并非意味着高产出,投资者投资职业体育风险极高,如一些高薪球星因伤病整个赛季无法参赛,这样便使其产品的需求弹性大,市场波动明显,俱乐部有时财源滚滚,有时可能濒临倒闭。

## 二、职业体育俱乐部营销概述

1. **职业体育俱乐部营销的内涵** 职业体育俱乐部是体育运动高度专业化、市场化的产物。职业体育俱乐部是从事职业体育活动、具有独立法人资格、自主经营、自负盈亏的体育经济实体。职业俱乐部营销就是遵循市场经济的竞争、供求、价格等基本规律和体育运动发展规律来经营竞技运动项目,向社会提供职业体育竞赛及其相关产品的体育组织形式,通过满足人们体育竞赛表演的观赏需要从而追求赢利的过程。

职业体育俱乐部和职业体育联盟的营销收入主要来自无形资产使用权、比赛门票、广告位、媒体转播权、会员会费、球迷产品、转卖运动员等方面。

2. **职业体育俱乐部的本质** 根据职业体育俱乐部的含义,从职业体育俱乐部发展的总体上看,处在市场经济条件下的现代职业体育俱乐部是一个企业性质的经济实体,具备一般意义上企业的应有特点。具体表现为:职业体育俱乐部是职业体育的基本组织形式;职业体育俱乐部是从事体育文化娱乐及其相关产品的生产经营的体育企业组织;职业体育俱乐部是有其自身经济利益的经济实体。职业体育俱乐部经营的本质无论是国内还是国外,都是追求投资的回报和资本的增值,通过向社会提供服务来追求利润最大化。

职业体育俱乐部还是以经营某一高水平运动项目训练和竞赛,并开发其附属产品,追求利润最大化的一种特殊企业。职业体育俱乐部生产具有观赏价值的竞技体育竞赛产品,并通过市场交换向消费者提供竞技体育竞赛表演娱乐服务。职业体育俱乐部经营管理成功与否,取决于它能否最大限度地为消费者提供最优质的服务,能否充分满足消费者观赏体育竞赛的需要。

3. **职业体育俱乐部营销的特征** 运动员是俱乐部最重要的资产,职业体育俱乐部的核心是由一批高水平运动员组成的职业运动队,它的效益主要来自于职业运动员;竞赛水平是俱乐部生存发展的基础,职业体育俱乐部提供的商品是体育竞赛娱乐服务;它的主要成分是运动员在竞赛中高超的运动技能;俱乐部生产经营活动的合作性,体育竞赛的对抗性、竞技性等决定了职业体育俱乐部的生产经营活动必须由多个俱乐部共同组织起来生产经营一个共同的产品——体育竞赛表演;无形资产的开发利用是职业体育俱乐部的主要经营内容,俱乐部社会形象越好,社会知名度越高,无形资产的市场价值也越高。

### 三、职业体育联盟营销的概述

1. 职业体育联盟的概念及内涵　　职业体育联盟是指由两个以上的职业体育俱乐部之间签署的以生产某既定运动项目特征为标志的商品或劳务的一组要素合约,是一个专业化生产某职业体育运动项目产品或服务的生产性组织,而其目标则是联盟合作剩余最大化。

职业体育联盟是由相互关联的具有独立产权的职业运动员和职业体育俱乐部所组成的社会经济实体。职业体育联盟内的各产权主体在一定的竞争性平衡框架内,通过合约的形式,遵照一定的规则完成生产和交易活动。

职业体育的生产组织具有合作竞争的特点。职业体育联盟是以合作为基础的竞争,没有俱乐部间的合作生产及体育竞争就不会有联盟的出现。一场比赛,至少需要两个不同的职业俱乐部参与。俱乐部之间需要就比赛的规则、时间、场地、成本投入、营销责任和分配收入等众多方面进行协商。而如果多个俱乐部之间进行比赛,就要达成多项双边协议,这会造成庞大的交易成本。而由职业体育联盟制定相应的事项,就可以降低竞赛的交易成本。同时,为获取更大的市场竞争力,若干个俱乐部基于体育竞争、市场开拓、产品生产、经营销售等几个方面进行合作,共同合作经营赛事服务产品。职业体育联盟的创立标志着职业体育俱乐部间的市场合约交易形式转变为联盟内的联盟合约交易形式。

当代体育职业联盟的主要职责在于制定关于联盟比赛的规则,协调联盟中俱乐部之间的分工与合作,组织管理联赛、推广联盟的品牌、作为俱乐部代表和转播媒体及赞助商进行谈判,增进联盟内俱乐部的收益,维持俱乐部和联盟的垄断地位以获得垄断利益。

体育职业联盟是俱乐部业主自行管理的独立于政府之外的联盟组织。职业体育联盟追求的是联盟合作剩余最大化。联盟合作剩余是职业体育联盟总产出的价值与独立的俱乐部所能获得的市场价值之和的差额。

2. 职业体育联盟营销的特征　　职业体育联盟是联赛的组织者,投入了各俱乐部的生产要素和相关资源,产出的是供观众观赏的体育赛事。职业体育联盟是联盟中俱乐部的整体利益代表。职业体育联盟的营销能力对联盟和俱乐部的发展越来越重要,成为联盟和俱乐部成长与取得同业竞争优势的源泉。

职业体育联盟营销具有两个明显的特征:①职业体育联盟在其营销过程中,注重联盟整体效益的开发和分配,注重俱乐部间的竞争性均衡和俱乐部的长期发展,通过垄断经营来获取最大利益。②自然垄断是职业体育联盟区别于其他行业的本质特征。各国针对职业联盟的反垄断豁免的法律政策对职业体育联盟的发展具有举足轻重的作用,也带来了今天的职业体育联盟的繁荣。联盟的垄断属性为联盟统一开发产品提供了契机,为获取联盟垄断性带来规模效益,职业体育组织都积极地以联盟统一行销的方式进行市场开发。

### 四、我国职业体育的发展

1. 我国竞技体育的职业化改革(起步阶段)　　1992 年,大连成立了我国第一个职业足球俱乐部。同年,我国首家股份制足球俱乐部在四川南德挂牌。1994 年,我国足球首次推出职业联赛——足球运动率先开始了职业化改革。1992年,党的"十四大"以后,我国确立了建立社会主义市场经济体制的改革目标,体育产业化作为体育改革的一个重要内容逐渐得到政府和社会各界的认同。因此,1992~1994年这一时期,竞技体育发展逐渐掀起了职业化改革浪潮。

2. 我国竞技体育职业化的推进(迅速发展阶段) 自1995年开始,职业体育产业从体育部门逐步走向社会,走向竞技建设的主战场,成为国民经济新的增长点,得到了社会和政府的高度重视。足球职业化初见成效的改革有力地推动了其他竞技体育项目的职业化,篮球、排球、乒乓球等运动项目也紧随其后先后进行了职业化改革,分别于1995、1996和1998年实行了主客场制的职业俱乐部联赛。还有一些项目,如网球、羽毛球、围棋等也建立和酝酿建立职业俱乐部与开展职业俱乐部联赛。至2000年底,我国足球、篮球、排球、乒乓球职业或半职业俱乐部共计128家,其中男子足球26家,篮球34家,排球24家,乒乓球44家。自此,我国竞技体育进入了一个全新的阶段。

## 第二节 职业体育俱乐部和职业联盟的产品和营销策略

### 一、职业体育俱乐部和职业联盟的主要产品

职业体育俱乐部和职业体育联盟的主要产品是竞赛表演及其围绕竞赛表演延伸出来的无形资产使用权、电视转播权、特许产品、有线体育频道订阅,以及赞助权益等多种形式。职业体育俱乐部和职业体育联盟的主要产品具有以下共同特征。

**(一)电视转播权**

电视转播权是指赛事主办方在举行体育比赛时,允许他人进行转播并由此获得报酬的权利。电视转播权涵盖现场直播、音像制作、复制和重播等多项权利。转播权从内容上主要分为新闻报道权、赛事锦集权和实况转播权等3类。按照国际惯例,体育赛事转播权归赛事主办方所有,电视机构播出3分钟以上的赛事画面就需要购买电视新闻报道权;集中播出15分钟的锦集画面就需要购买赛事锦集权;对赛事进行实况转播,就要购买实况转播权。

职业体育和电视之间已经成为当今全球范围内日益重要的商务关系。对于许多体育职业联盟和俱乐部来讲,电视转播权成了一个可观的收入来源。同时,电视网络也越来越需要通过赛事播放权赚取利益。正因为如此,电视转播日益对职业体育联盟和俱乐部的赛事安排施加影响。

电视的主要收入来源是出售广告时段。而电视观众的数量是广告时段售价的重要影响因素。电视依赖其节目获取、吸引观众。体育比赛是电视能够提供的最好的节目。因为,体育比赛中多彩的画面、丰富的动作、精彩的场面、生动的表情都是吸引观众的重要元素。最重要的是,体育比赛是一群真实的人在做真正的较量,而结果又充满悬念。这都让体育比赛拥有众多的观众,这也让赛事的电视转播成为电视不可或缺的内容之一。

电视转播不仅扩大了职业体育的观众群,而且给职业体育联盟及职业体育俱乐部带来了丰厚的利润,电视转播权已经成为联盟和俱乐部最重要的收入来源。

根据电视转播权的销售者不同,电视转播权营销主要有3种模式。

1. **职业联盟集中销售模式** 职业联盟集中销售模式是当今各国职业体育领域中最普遍的做法。英超、法甲、德国足球甲级联赛等欧洲著名足球联赛和美国四大职业联盟的电视转播权都是采用这种模式。在这种模式中联盟将整个赛季的比赛整体出售,各个俱乐部无权自行出售自己比赛的转播权。而联盟所获的电视转播权收入再在各俱乐部之间进行分配。这种模式可以增

加联盟对比赛的控制力,保持俱乐部之间的竞争性平衡,从而保证整个联赛的水平与吸引力。

2. 俱乐部独立出售模式  俱乐部独立出售模式是指俱乐部独立出售和自己相关比赛的电视转播权。西班牙足球甲级联赛和意大利足球甲级联赛都采用这种模式。1999年,意大利参照《欧共体条约》第81条和82条制定了竞争法。根据竞争法,意大利政府对意大利足球协会集中出售联赛转播权的行为进行了审查,裁定集中出售违反了竞争法。随后,意大利足球协会修订了章程,允许俱乐部自行出售联赛转播权。目前,意大利足球甲级联赛的电视转播权销售采用独立销售的方式,足协只有集中出售联赛精彩片段集锦的权利。这种销售模式容易致使俱乐部的贫富差距拉大,强队转播费越来越高,而小球队收费越来越低,不利于赛事的长期稳定。

**相关链接**

### 西班牙足球甲级联赛电视转播权出售有进展巴萨皇马份额降低6%

为了提高收入,西班牙足球甲级联赛各家俱乐部准备学习英超模式,从2014~2015赛季开始集体出售所有球队的电视转播权,然后再按比例在各俱乐部间进行分配。

目前各家西班牙足球甲级联赛俱乐部正在就此进行谈判,但之前的分配方案中,巴萨和皇马两家俱乐部所占的固定份额达到了40%。这引起了塞维利亚、维拉里尔、马拉加、西班牙人、萨拉戈萨、毕尔巴鄂竞技、皇家社会等7家俱乐部的反对。7家俱乐部认为这个方案很不公平,两家豪门的转播费收入可达到1.4亿欧元,而排名最低俱乐部只能获得不到1 000万欧元。

为了促使所有俱乐部尽快达成协议,巴萨和皇马两家豪门做出了一定让步。巴萨俱乐部官方发言人托尼-弗雷伊萨(Toni Freixa)表示"为了维护所有西班牙足球甲级联赛俱乐部的团结,我们提出了新的分配方案,巴萨和皇马所占的固定份额将从之前的40%降到34%。"

不过,这并不意味着两家豪门的转播费用一定会减少。由于分配方案中除了固定份额,还有按照成绩来分配的浮动份额,只要皇马和巴萨能够继续保持目前在西班牙足球甲级联赛的统治地位,在西班牙足球甲级联赛集体出售电视转播权之后,两家豪门依然可以获得每个赛季大约1.4亿欧元的转播费。托尼-弗雷伊萨也谈到了这点,"我们并不准备放弃自己应得的收入,只是有些俱乐部认为这种分配方案更加公正,大家可以用成绩说话,平等地竞争"。

资料来源:网易体育 http://sports.163.com/10/1124/13/6M8P5QSF00051C8V.html

3. 集中和分散相结合模式  目前美国电视转播权营销方式是以这种模式为主。在这种模式下,联盟集中销售海外市场和全国市场的电视转播权,而俱乐部负责当地电视台的电视转播销售。如NBA、MLB和NHL三大赛事全国转播权由联盟与转播网谈判,地方转播由各地俱乐部与当地电视台谈判;这种销售模式不仅通过集中销售和收入共享保证了联盟成员的基本利益,保障了联盟的稳定性,而且通过分散销售又激发了俱乐部的积极性。

### (二) 门票

门票是体育竞赛表演产品的观赏凭证。门票营销是职业联盟和职业俱乐部提供现场观赏服务所获取的收入,主要包括座位和包厢收入两块。票房收入是俱乐部的主要收入来源之一,它反映了观众对比赛的满意程度,是衡量俱乐部经营优劣的重要标志。一般来讲,俱乐部是主场门票的销售和收益主体,但所得门票收入需按照一定比例上缴联盟。例如,NBA联盟规定,联盟中的俱乐部常规赛门票收入的6%上缴联盟,俱乐部季后赛门票收入税后的45%要上缴联盟。

门票收入受到很多因素的影响。比赛预期的精彩程度、俱乐部市场宣传、天气、比赛场馆规模和环境、交通住宿、比赛时间等客观因素都会影响到门票收入。例如,很多俱乐部通过球场的扩建增加球场的座位数量,通过更换球队主场或者球场翻新提高球迷的座位出租费,通过在新建的场馆中增设豪华包间增加球场的门票收入。出售永久座位许可证也是俱乐部创收的一项举措。

为了最大化门票收入,细分观众市场策略和差异化定价策略也被各职业俱乐部广泛采用。职业比赛门票有季票和单次票之分。根据不同的位置、场次和时间等因素,俱乐部制定不同的门票价格。

座位门票的销售可以利用多元化的销售渠道。传统的形式包括俱乐部球场门票销售点和指定代理销售点。为了方便球迷购买门票,很多俱乐部还使用了网络销售和街头售卖机等创新销售形式。而豪华包厢的销售主要是通过人员销售的形式。

在门票销售的促销上,广告、公关、营业活动等常用的促销形式都被广泛采用。

### (三) 赞助权益

出售赞助权益是联盟和俱乐部的另一项主要收入。赞助是赞助商试图与职业俱乐部或职业联盟建立联系,从而帮助企业实现预期目标的营销策略。通过这种关联,被赞助方的价值可以实现向赞助公司或品牌的转移。

体育容易激发个人情感依恋,职业体育观众和联赛及俱乐部具有紧密的情感联系,他们往往对联赛及俱乐部忠诚度很高。因此,赞助商就能够通过赞助将自己的品牌和体育比赛的兴奋、动力及感情联系在一起,从而提升品牌价值,借助体育文化的通识性,可以有效跨越传播过程中的文化和语言障碍。同时,体育项目的多姿多彩也使赞助细分市场变得可能。

赞助商分为联盟赞助商和俱乐部赞助商,两者权益不同,总体上讲,联盟赞助商的权益覆盖范围更加广泛。联盟的赞助收入将在联盟俱乐部之间进行分配。

**相关链接**

### 中国足球超级联赛指定赞助商权益明细

Ⅰ. 名称与称号:赞助商可获得以下称号并用于商业及非商业宣传:
中超联赛指定赞助商
Ⅱ. 场地权益
1. 冠名赞助商在中超联赛各赛场拥有赛场正面:(48 m+48 m)×1 m 滚动翻转广告展示机会,每场累计展示时间不少于 8 分钟(或全场 1.1 米×6 米固定广告板 4 块);
2. 冠名赞助商在中超联赛各赛场拥有赛场正面:(60 m+60 m)×1 m 滚动翻转广告展示机会,每场累计展示时间不少于 3 分钟(或全场 1.1 米×6 米固定广告板 2 块)。
Ⅲ. 知识产权权益
指定赞助商可以在正式场合及赞助商产品包装上使用中超联赛标志、中超联赛全称。
Ⅳ. 媒体权益
1. 联赛门票、秩序册、成绩册、宣传品及正式出版物等上面明晰展示指定赞助商标志;
2. 在中超公司对外及内部正式文件(信函、传真、文件等)上面清晰展示赞助商标志;
3. 电视权益:指定赞助商获得中超联赛每轮一场一家全国性电视直播中 1 条 15 秒广告时段;
4. 现场大屏幕广告:中超联赛每场比赛的赛前或中场休息时在有设备条件的赛场大屏

幕播出赞助商30秒大屏幕广告;

5. 网络权益:在中超联赛网站首页展示赞助商标志;设计制作赞助页面和链接;制作中超—赞助商品牌联合节目。

Ⅴ. 推广活动

1. 指定赞助商可以在中超全赛季的联赛比赛中选择1场比赛,实施宣传推广活动;

2. 指定赞助商每年可以邀请参赛俱乐部其中1个俱乐部的球员及教练员,在该俱乐部主场所在城市中,举行1次宣传推广活动。

Ⅵ. 礼遇权益:指定赞助商在中超联赛各俱乐部主场赛场每场比赛中拥有2张主席台后排贵宾票、50张甲等球票、1个专用停车位。

Ⅶ. 拓展权益

1. 拥有与中超联赛开展文化建设和进行其他商务合作的优先权;

2. 经中超联赛批准的其他可能的权益。

资料来源:人民体育网 http://www.rmsports.cn

为了获得赞助商,职业联盟和俱乐部首先需要了解赞助商的赞助目标。赞助商的赞助目标具有多重性,而在多重目标中一般会有一个主导性的目标,赞助方的主导目标通常是不同的。一般可以分为企业内部营销目标、直接销售目标和媒体目标。

其次,要针对赞助目标设计赞助权益回报。一般来讲,赞助商可获得的赞助权益主要包含:①产品排他权:任何一个产品种类只允许一个赞助商。②标志和设计的使用:赞助商都有权使用被赞助方的标记。③媒体曝光机会:赞助商有机会参加被赞助方的各类新闻发布会或者其他官方活动,或者赞助商标识会出现在被赞助方的各类新闻发布会或者其他官方活动现场以获得媒体曝光机会。④门票和包厢:赞助商可以得到比赛门票和球场包厢,这成为赞助商重要的商务交往平台。⑤广告优先选择权:赞助商可以优先选择购买比赛期间的电视广告。⑥现场展示:赞助商可以在比赛现场进行产品销售和展示,有权在特定区域进行产品免费派送。

最后,要保证赞助商赞助权益的执行和有力打击埋伏营销。

### (四)球迷用品和特许

球迷用品销售收入已经成为职业体育联盟和俱乐部重要的收入渠道之一。

球迷用品是以满足球迷这一特定群体需要为目的、由职业体育俱乐部或联盟生产或授权生产的、含有俱乐部无形资产的用品。球迷用品一般以纪念品、日常生活用品为主。

球迷用品主要有3种开发营销模式。

1. **自主开发模式** 职业俱乐部或联盟向生产厂商订购并销售。这一模式是欧洲职业足球俱乐部普遍采用的一种方法。由于俱乐部出资订购、处于买方地位,相对于生产厂家而言,拥有巨大的优势。同时由于由俱乐部自主进行销售,因而俱乐部能获得这一市场所产生的所有的商业利益。

2. **一次性特许模式** 联盟和俱乐部将球迷用品的开发权转让于其他企业,按合同年度收取无形资产特许使用金。在这种模式中,俱乐部不用付出任何资金,一旦合同生效,俱乐部随即就能获得收入,无任何风险,且收入稳定。

3. **分成特许模式** 在这种模式中,联盟和俱乐部将球迷用品的开发权转让于其他企业,企业每生产一件授权产品,则向俱乐部支付一定数额的无形资产使用费。特许费用通常由印有队标产品的总销售额乘以一定的比例而得。美国四大联盟的标准特许费的比例是8.5%,在这一模式中,俱乐部无须投入资产,也不用承担风险,且收入将随着市场的扩大而相应的增加。

特许是球迷产品最重要的开发形式。特许是体育品牌的拥有者方允许其他企业在其产品上有偿使用其品牌。体育品牌的拥有者包括职业运动员、职业体育联盟和职业体育俱乐部等。

体育品牌方通过特许能够将其品牌扩展到新市场中和深入渗透到现存市场中。有助于提高体育品牌方的知名度,同时通过获得特许费用可以用于品牌建设,提高品牌竞争力。而被特许方可以通过使用体育品牌提升自身品牌的知名度、美誉度和销售。为了避免品牌特许中的风险,体育品牌特许方需要对特许使用者不当的营销组合要素进行控制。谨慎选择特许的合作伙伴。同时,双方也需要共同监视假冒商品。

特许已经成为职业体育品牌重要的经营项目之一。美国橄榄球协会的品牌被授权在150个特许产品上。这些产品分布在服装、体育商品、篮球卡和收集物、家具、学校用品、家用电器、互动游戏、家庭录像、出版物、玩具、游戏、礼物等多个行业。

### (五) 其他

除了以上营销领域外,比赛现场的零食和饮料、场馆冠名权、运动员转会、场内广告和设有餐厅、酒吧、会议中心等球场经营项目也是重要的营销内容。

**相关链接**

#### 皇马年收入4.8亿世界第一 来源均衡局面大好

据皇家马德里官方报道,2010~2011财年皇马毛收入达到4.80亿欧元,较上一财年的4.42亿上涨8.6%。正如皇马官网的豪言壮语"没有哪家体育俱乐部能这么赚钱。"

皇马公布上赛季俱乐部经营状况明细,官方数字呈现出的依旧是同上一年一样的盆盈钵满之态。报告显示:2010~2011财年皇马毛收入超过4.80亿欧元,较上一财年增长8.6%;税后利润也相当可观,达到3160万欧元,同比增长31.7%;运营资本在转会窗口关闭后达到1.51亿欧元,比上年度增长3.7%;俱乐部的资产已达到2.51亿欧元,同比增长14.3%。

皇马财大气粗众人皆知,经过一个赛季的运营债务也减轻不少。俱乐部目前负债1.697亿欧元,比去年降低了30.6%;负债率由原来的1.7降至现在的1.1,正如西方媒体Defensacentral所言:负债指标降低,让皇马成为高信贷组织中的良性负债方。皇马收入来自票房(31%)、电视转播收入(32%)和市场营销业务(31%),及商业比赛(6%),不包括转让球员。

1999~2011年,皇马收入年平均增长14%,由1999~2000赛季的1.18亿欧元猛增至如今的4.80亿欧元,各财务指标均向健康方向发展。俱乐部官方称:"俱乐部已实现向收入均衡转变,三大主要收入来源基本各占总收入的1/3,俱乐部收入来源的多元化,注定了收入呈稳定上升的局面,亦在一定程度上缓解了俱乐部成绩及其他经济活动潜在的波动影响。"

资料来源:中国广播网 http://www.cnr.cn/gundong/201109/t20110916_508513558.shtml

## 二、职业体育俱乐部和职业体育联盟的营销策略

造星营销、区域营销和赛场体验营销是职业体育俱乐部和职业体育联盟常用的营销策略。

### (一) 造星营销策略

明星是联赛和俱乐部最好的代言人,明星也是球市的保证。体育明星主要是指那些在某一项运动领域有高的吸引力和关注度的知名运动员。心理学研究曾证实了我们现实生活中经常发

生的"光环效应"或"晕轮效应"。体育明星在赛场上表现出坚忍不拔的意志品质和拼搏精神、高超精湛的竞技技术、健美体魄和个性魅力,让体育明星成为广大球迷关注和喜爱的对象,并由此喜欢某项运动和某个俱乐部、购买偶像的球衣和签名产品、跟着自己的偶像到处看比赛。因此,利用明星效应吸引球迷,是职业体育俱乐部和联赛常用的营销策略。

### (二)区域营销策略

本地球迷的归属感和支持是俱乐部和联盟的基础和根本。俱乐部所在地的球迷往往是他们的铁杆专业球迷,在这个过程中俱乐部形成了稳固的文化和土壤。因此,职业俱乐部都很重视区域营销。俱乐部的名字一般都包含所在地的地名,球队也一般不会轻易变换名字和主场。俱乐部的区域营销中注重突出球队和区域之间的悠久的历史渊源和文化上的共鸣,注重建立俱乐部和所在区域球迷之间的紧密文化联系和情感共鸣。巴萨俱乐部就非常注重强化俱乐部的加泰罗尼亚文化标签和球员对加泰罗尼亚文化的认同。例如让队内外籍球员学习加泰罗尼亚语;利用比赛的机会来宣传加泰罗尼亚的文化;向到诺坎普球场看球的球迷分发加泰罗尼亚文学的宣传手册;规定巴萨球员在接受当地电视台采访时一定要说加泰罗尼亚语等。

职业俱乐部非常强调球迷是球员生活的一部分,并为球迷和球员的沟通提供各种方式。俱乐部往往通过各种社区公益活动和当地社区保持良好的关系。在欧洲各大俱乐部球员的日常生活的计划表里,都有详细的去为社区服务的日程安排。这让俱乐部成为社区重要的话题,是人们共同关心的事情,最终本地球迷形成对球队的归属感。

**相关链接**

#### 巴萨推广加泰罗尼亚文化

巴萨球员还担负着一个重任:向西班牙,向全世界推广加泰罗尼亚文学。这是巴萨俱乐部和加泰罗尼亚大区的一个合作项目。2007年4月,诺坎普球场将迎来11位在加泰罗尼亚地区很有影响力的作家,他们将带来自己的作品,并和巴萨球员一起推广加泰罗尼亚语和加泰罗尼亚文学。"这11位作家可以说是加泰罗尼亚文学届的'梦之队'。"加泰罗尼亚文化部门的主管特雷塞拉斯说。

届时,每一位到诺坎普球场看球的球迷,都将得到一份有关加泰罗尼亚文学的宣传手册,手册中介绍和评论了近几年出版的有价值的加泰罗尼亚语作品。"我们之所以选择和巴萨合作,是因为巴萨在全世界都有很大的影响力,有着极高的人气,巴萨球员也能起到很好的推广作用。在巴萨俱乐部的帮助下,我相信,加泰罗尼亚文学能引起全世界的注意。"特雷塞拉斯说。

前不久,法国的加泰罗尼亚地区也举行了一次语言保护大会。在那次会上,奥莱格宣读了加泰罗尼亚版的保护宣言,巴萨主席拉波尔塔、法国国家队主帅多梅内克、巴萨球员久利等人都在宣言上签了名,表示对保护加泰罗尼亚语运动的支持。

资料来源:《东方体育日报》(2007年4月15日)

### (三)赛场体验营销策略

体育是当代人重要的娱乐休闲的方式。但体育既是娱乐又有别于娱乐,体育需要平衡表演和竞技精神。对于一场球赛而言,吸引球迷的首先是竞技水平,其次是文化认同,然后才是娱乐享受。职业体育俱乐部和职业联盟作为竞赛观赏服务的提供者,观众在比赛现场的观看体验是决定观众满意度的重要影响因素。因此,职业体育俱乐部和职业联盟需要注重赛事现场的服务质量,通过高质量的比赛、与球迷情感的共鸣、良好的观赛环境、比赛间歇为球迷提供各种各样的娱乐活动和文艺演出,免费提供比赛纪念品等各种形式,提升现场观众在参与体育赛事时的娱乐体验。

## 本 章 小 结

职业体育是以体育为主要生计的个人和组织的职业性活动。职业体育具有商业性、娱乐性、竞争激烈性、区域对抗性、民众参与性、明星感召性和高风险性等特点。职业体育俱乐部和职业体育联盟是职业体育中重要的营销主体。职业体育俱乐部和职业体育联盟的主要营销产品有媒体转播权、无形资产使用权、门票、球迷用品等多种形式。造星营销、区域营销和赛场体验营销是职业体育俱乐部和职业体育联盟特殊的营销策略。

**思考题**

1. 什么是职业体育?职业体育的本质特征是什么?
2. 职业体育俱乐部和职业体育联盟的含义和特征分别是什么?
3. 职业体育俱乐部和职业体育联盟的主要产品有哪些?
4. 职业体育俱乐部和职业体育联盟的特殊营销模式有哪些?

# 第六章

# 体育明星营销

**本章要点**

- 体育明星营销的定义
- 体育明星营销的特征
- 体育明星营销的核心产品
- 体育明星营销的特殊手段

**案例导读**

**丁俊晖模式的营销学解读**

丁俊晖:13岁获亚洲邀请赛季军;14岁夺全国冠军;15岁夺得亚锦赛冠军和世青赛冠军;2002年亚运会斯诺克单打冠军,改写中国在亚运会台球单打项目缺金的历史;2005年先夺国际台联世界斯诺克中国公开赛冠军,再夺英国锦标赛桂冠,个人形象价值超过6位数。

从营销的角度,丁俊晖可被看做一个特殊体育产品,而且是一个非常成功的、仍处于成长期的产品。其父丁文钧则是这个产品的开发者与经营管理者。丁俊晖选择台球的过程就是"新产品"开发过程。

创意产生:丁俊晖8岁半时便技惊四座,父亲丁文钧产生了培养他打球的念头。

筛选和分析:为了确认产品的市场竞争力,丁文钧找专业人士鉴定丁俊晖的潜力,其结果是18岁左右能达到国内最高水平。丁文钧认为如果丁俊晖18岁有全国水平,那么在23~25岁他就有成为世界顶尖选手的可能。丁文钧下定决心带儿子从小走上职业台球之路,目标直指世界巅峰。

研究和开发:丁文钧研究大量案例后形成一个信念:世界冠军只有一个,谁付出的时间多谁就能得到。于是丁文钧两个决定随即出台:小晖每天半天课,半天练球;筹资开球房,这种投资保证了小晖随时可以练球。

市场检验并获得成功:丁俊晖获得了辉煌的战绩,知名度激增,代言接踵而至,丁俊晖因为父亲独特而专业的眼光和理念使其顺利地成长为中国体育界的领军人物,更成为体育明星运作全过程的经典案例。

# 第一节 体育明星营销的概述

## 一、体育明星营销的概念

目前体育明星营销还没有统一的定义,但不同的专家从不同的角度给出了不同的答案,归纳整理后可以将其总结为3个主要方向:①有人从其功能方面进行定义,有人认为体育明星营销是体育明星创造、沟通与传送价值给受众,经营关系以便获得利益的一种组织功能与程序。②有人从价值导向的方向明确了体育明星营销的定义,他们将体育明星营销定义为体育明星营销是体育明星通过创造自身产品和价值,同拥护者进行交换并满足需求的过程。③也有人从营销的目的方向进行定义,他们认为体育明星营销是在一种利益之上,通过体育明星与拥护者、公司相互交换和承诺,建立、维持、巩固关系,实现各方的目的。

本书认为上述的定义都只是在相对宏观的层面机械地将体育明星等同于物质产品,从其某一属性角度进行定义,但并未将体育明星这一特殊产品的自身特点融入定义中。本书认为体育明星营销是指根据市场需求以体育明星为核心产品利用广告代言、公关活动等手段进行明星品牌塑造、无形资源开发等活动的总和。

## 二、发展历程及现状

1. **体育明星营销在国际的发展** 体育明星营销在国外有着较长的历史,在其发展和演进中体育明星营销也被赋予了更多的手段和内涵。最早出名的体育明星营销应该是NBA史上最伟大的明星乔丹,他除了进行自身的代言外更与NIKE签约,联合推出了经典的NIKE乔丹系列篮球鞋,这不仅打造了一个经典的篮球鞋系列,更使乔丹的名字和形象更为细腻和具体地深入人心。1996年的一部被专业人士斥为"没有丝毫艺术性"的影片《空中大灌篮》,为片商赢得了巨额票房,仅纪念品和录像带的销售就突破20亿美元。老套的剧情和业余的演出没能影响影片的票房,因为主演是乔丹,体育明星的营销威力可见一斑。除乔丹外,施瓦辛格应算体育明星利用娱乐进行个人营销最成功的代表。这位"欧洲健美先生"、"体格最强壮的男人"从19岁开始进军好莱坞,出演了《铁血战士》、《蒸发密令》、《真实的谎言》等一系列经典的电影作品,一度成为美国最具票房号召力的演艺明星。

除了娱乐外,体育明星还会借助公益活动进行个人营销,如姚明在NBA期间会利用联盟提供的机会进社区同贫民打球。虽然这是NBA推广的手段,但不可否认的是,正是在这些活动的帮助下,姚明在美国的人气才得以如此高涨。而市场化程度并不高的体育明星同样有自己的营销手段。泰森向来是以拳头打开财路的,除此以外偶尔还会动动嘴。虽说他在拳坛上臭名昭著,但挡不住有好事之徒对此类人物有好奇之心。泰森正是利用这一点开设表演赛来赚取人气,泰森和弗兰西斯在英国曼彻斯特的拳击赛,2.1万张门票2天之内就被抢购一空。连见多识广的经纪人弗兰克·瓦瑞恩也对泰森不同凡响的号召力和英国绅士一反常态的狂热目瞪口呆。开餐馆、做体育解说等外国令人眼花缭乱的明星营销手段更是让人目不暇接。

2. **体育明星营销在中国的发展** 中国体育明星营销最早以代言开始,而聂卫平是中国最早在广告中露面的体育明星。老聂"下棋当棋圣、喝酒古井贡"的"名言"使该酒扬名。此后,莫慧兰、汪嘉伟、范志毅、孔令辉、郎平、伏明霞、邓亚萍、郝海东、占旭刚、李小双等纷纷"抛头露面"代言产品,直至风头最盛的"沪上双雄"刘翔、姚明。雅典奥运会后,众多商家从体育明星身上看到了巨大商机。刘翔在可口可乐广告中上演"英雄救美";罗雪娟在飘柔广告中展示秀发;郭晶晶则吃上了麦当劳;林丹吃上了薄荷糖;可口可乐甚至将刘翔和S.H.E的广告拍成了系列剧……俨然掀起一个体育明星代言产品的小高潮。

继简单的明星代言后,中国的体育明星开始了自我包装与经营之路。20世纪90年代初在中国市场经济并不发达的时代,却成长出了"李宁"这样一个在今天看来仍然是成功的"体育商人"。李宁借助当时的社会背景优势及自身的知名度与影响力,开辟了一条体育明星自主经营创业、运作自身品牌的道路。在此之后李小双、熊倪纷纷开始创办自身品牌。受此启发部分体育明星开始将自身形象授权给专业的公司进行运作,如邓亚萍。20世纪70~80年代,这些体育明星的营销在商界搅起了阵阵波澜,一时间使经营体育明星成为极具诱惑力的话题,甚至有人开始惊呼中国体育明星营销的时代已经到来。

国外体育明星的营销力量用于中国也是从代言开始,首先跨出这第一步的就是中国体育产业中最发达的体育用品制造业,其中最热衷于邀请国际体育明星代言加盟的莫过于本土的运动鞋品牌。运动鞋品牌安踏签约NBA球员斯科拉、弗朗西斯等国际体育明星代言,李宁继奥尼尔之后签下了国际体育明星后卫戴维斯,2009年年底,运动鞋品牌匹克更是一口气签下NBA7位国际体育明星代言人,涵盖篮球场上的各个位置——得分后卫、小前锋、大前锋、中锋、控球后卫等,形成了运动鞋品牌匹克的全国际体育明星代言阵容球队。中国本土几乎每个叫得响的运动鞋品牌都拥有国际体育明星代言,国际体育明星在中国运动鞋品牌市场上炙手可热,尽管标价动辄上千万,但并没有能平息人们聘请国际体育明星代言人的热情。

**相关链接**

2010年中国体育明星收入排行榜如表6-1所示。

表6-1 2010年中国体育明星收入排行榜

| 排名 | 姓名 | 收入(万元) | 项目 | 年龄(岁) |
| --- | --- | --- | --- | --- |
| 1 | 姚 明 | 14 173 | 篮球 | 30 |
| 2 | 易建联 | 4 093 | 篮球 | 23 |
| 3 | 梁文冲 | 1 382 | 高尔夫 | 32 |
| 4 | 刘 翔 | 1 272 | 110米栏 | 27 |
| 5 | 林 丹 | 1 200 | 羽毛球 | 27 |
| 6 | 李 娜 | 1 121 | 网球 | 28 |
| 7 | 王 濛 | 1 040 | 短道速滑 | 25 |
| 8 | 郑 洁 | 1 015 | 网球 | 27 |
| 9 | 郑 智 | 900 | 足球 | 30 |
| 10 | 王治郅 | 850 | 篮球 | 33 |

# 第二节 体育明星营销的特征

## 一、体育明星营销的特点

(1)优异的运动成绩是体育明星及其营销的基础。无论是在役或是退役的体育明星,体育成绩是其形象的根本,只有较好的体育成绩才能保证其较高的知名度。但体育成绩也是一把双刃剑,成绩好,自然可以长期保持高曝光度,为其形象加分。但无论哪个体育明星都不是神(虽然他们可能会在某些特定的历史环境下被塑造成神),当体育成绩不好时,他们的形象问题处理将非常棘手,正确把握体育成绩的"双刃剑"是体育明星营销中最根本、最重要的问题之一。

在2011年初的澳网创纪录地杀入女单决赛后,李娜不但取得了积分排名、奖金收入的双丰收,而且其人气不但在中国国内,同时在世界范围内也直线飙升。人气上升也让李娜的商业潜力得到了赞助商的认可,在澳网结束之后,李娜接受了澳网赞助商之一、世界名表劳力士的独家专访,并成为该品牌旗下众多的国际形象代言人之一,加入了费德勒、罗迪克、海宁、沃兹尼亚奇和伊万诺维奇等网坛巨星行列。除了劳力士外,李娜还同美国知名冰激凌品牌哈根达斯签署了合作协议,正式成为该品牌在中国地区的形象代言人,在本届法网比赛央视转播期间就经常可以看到哈根达斯专门为李娜制作的加油短片。而法网夺冠后李娜更是人气如日中天,身价直接增至4 200万元,并连签7个代言,以总代言数9个而一举超过姚明和刘翔成为国内最炙手可热的体育明星。

(2)市场细分是体育明星营销过程中的关键。体育有自己的特性,不仅可以细分为几百个小项,而且每个项目的特点及其传达和诠释的形象不同、市场化程度不同、其群众基础也不相同。除了足球、篮球、网球等项目的目标人群相对较广外,大多数项目的目标人群较窄,因此也就注定了部分体育明星不如其他明星的大众化。因此在体育明星营销的过程中也要求明星在选择代言时需同项目特点、自身特点进行有效结合、慎重选择,而商家也应更好地针对细分市场做宣传,将体育明星更好地与产品的特征相对接。

(3)体育明星两面形象的相互影响是明星营销中关注的重点。体育明星的形象是由两方面组成的:一是场上的成绩;二是场下的人气,两者虽位于不同的时段,且看似不相关,但在明星营销的过程中两者却相互影响,相辅相成。场上成绩好的时候会带动场下人气的增长,从而整体上提升体育明星的成绩;若其成绩不好,关注者会减少使其形象和价值总体贬值。科比·布莱恩特是NBA湖人队"3冠王"的头号功臣,不仅球技超群,而且曾被认为球风高尚,受到各界一致好评。美国著名体育经纪公司——伯恩斯体育公司曾把科比列为全球第三最有市场价值的体育名人,仅次于伍兹和飞人乔丹。2003年,沸沸扬扬的科比"性侵犯"案使这一切都变了,因为性骚扰,他在球迷中的受欢迎程度和形象都出现了危机,其市场号召力大为下降。2003年末,据耐克公司的初步估计,耐克公司的损失已达4.5亿美元,而科比本人也有约1.5亿美元的广告收入损失。

(4)体育明星核心资源的无形性是体育明星营销中不容忽视的问题。体育明星的核心资源及其个人形象,体育明星在进行产品代言时无形价值要顺利地转化为商业价值,最终要来自于消费者对产品的品质、品牌和服务等方面的综合认可,并不是拥有很高知名度就一定可以拥有市场的位置。此时体育明星和商家必须注意明星形象和产品的天然契合,并创造概念促成品牌之间的默契度与相合度。

## 二、体育明星营销主体

体育明星营销顾名思义其营销主题就是体育明星本人,体育明星根据自己的能力、兴趣、特长、特征和当时的经济环境来选择自身资源进行逐步开发,最终实现自身价值。作为非物质类产品,体育明星营销与普通营销最大的区别在于体育明星营销的根本是体育明星的个人形象等无形资产。

## 三、体育明星营销的产品

### (一) 核心产品

1. **明星公众形象** 体育明星作为人,其最核心的产品就是自身形象,而自身形象的准确定位是其成功的基础。明确自己的品牌定位,就知道该要什么不该要什么,如何避免过度娱乐化。在这个世界,娱乐明星是绝对不缺的,体育明星的价值核心就是稀缺性和纯粹性。过度的娱乐化会模糊自身形象定位,失去明星形象的独特性。中国的田亮、英国的贝克汉姆等,他们的娱乐化是在自身体育事业走滑坡路后的被迫选择,失去了体育的价值,他们与其他娱乐明星没有任何差别,人气日下是不可避免的悲剧。而成功的案例则是"姚之队":一方面强调不让各种公关活动影响姚明的训练和比赛;一方面又不是很强调姚明的成绩。在这个度上把握得很好。应该说,现今中国体育明星不少,但体育成绩也不会影响明星形象的恐怕只有姚明了。姚明在 NBA 打球的时候,火箭队的成绩有起有落,但他的人气一直很高。在此基础上他们将姚明的形象定位为健康、向上、积极奋斗、不懈努力、负责任等。因此在姚明的每一则广告中,篮球、向上、阳光、直面挑战、英雄主义等,都是必不可少的几大品牌元素。

2. **明星运动成绩及衍生品** 上文已经反复地强调过,运动成绩是体育明星及其营销的基础。体育明星之所以成为体育明星的原因有:①出众的竞技运动成绩,可以拿到全国或世界冠军甚至取得世界纪录而引起世人关注成为明星;②具有良好的道德品质及自身形象而成为公众学习的楷模。运动成绩自然就成为体育明星最直接、最核心、最具有曝光价值的核心产品,由运动成绩而衍生出来的奖金、排名、荣誉等自然也成为运动员成长为明星不可缺的产品。

### (二) 具体产品

1. **明星自身品牌** 由体育明星自身创立品牌是体育明星衍生的具体产品中最直接和效果最好的一个。明星为自己的品牌代言,两者形象进行了最直接和根本的捆绑,在公司进行营销的同时也在为自身形象进行营销,不仅效果直接且容易被人接受,国内最成功的例子无疑是李宁。

1990 年,李宁利用其个人形象和全国范围内极高的知名度创立李宁体育用品有限公司,创立之初即与中国奥委会携手合作,通过体育用品事业推动中国体育发展,并不遗余力赞助各项体育赛事。1995 年,李宁公司成为中国体育用品行业的领跑者。2008 年,李宁更是因为个人形象以及与政府良好的关系成为北京奥运会主火炬手,这一行为使李宁公司名声大噪,使李宁公司跃居行业领先地位,销售额创下历史新高并立志为全世界的运动员和体育爱好者提供专业的体育产品。目前李宁公司拥有了中国最大的体育用品分销网络。同时,李宁公司的国际网络也在不断拓展,目前已进入 23 个国家和地区。

2. **开发明星系列产品** 明星代言已成为时下明星们最喜闻乐道的营销模式,除了代言种类繁多的各种商品外,为明星开发属于自己的系列产品更成为其中的经典模式,从 NIKE 当年的乔丹系列到现在的科比系列,明星系列产品开发的魅力经久不衰。

**相关链接**

2003 年阿迪达斯开始了第一次与贝克汉姆的合作,阿迪达斯为贝克汉姆量身定做的新球鞋"掠夺者"白色系列将隆重推出,第一个模特就是贝克汉姆自己。新球鞋根据贝克汉姆的特点精心打造,阿迪达斯把当时最先进的制鞋科技注入到鞋子中,增加了表面的褶皱,以使球被踢出后可以产生更为强烈的旋转。并且,他们还为这款新产品取了一个意味深长的名字"月亮的疯狂"。而这种合作持续到现在已有 8 年之久,目前贝克汉姆代言的阿迪达斯系列已成为阿迪达斯旗下销量最好的系列之一。凭借阿迪达斯强大的品牌影响力和强大的资金保障,贝克汉姆代言阿迪达斯使自己的影响扩展到了地球上每一个有阿迪达斯产品的角落,同时获得了丰厚的经济回报。而借助贝克汉姆在年青人中的极大影响力和超旺的人气,阿迪达斯的休闲时尚化之路也走得十分轻松。所以,阿迪达斯与贝克汉姆,当奇迹遇上奇迹的时候,借助两个奇迹在各自领域的强大影响力,水涨船高,终于缔造了一个新的商业奇迹。

3. **广告代言** "体育明星"已成为大众或企业关注体育赛事和运动项目时使用频率最高的词汇。因此,众多体育明星逐渐从运动场走向大众的视野,成为关注的焦点和主题。体育明星为企业品牌做广告、形象代言人,可以使产品迅速、有效地占领市场的制高点,为企业创造巨大的经济效益和社会效益。体育明星做广告可以达到个人形象效益和经济效益双赢的效果,它已成为体育市场中极具潜力的一个组成部分,同时,体育明星广告也是一道生动、真实的人文景观。

例如,泰格·伍兹仅 2009 年一年就代言了豪雅表、埃森哲、吉列、耐克、佳得乐、EA 体育、AT&T、NetJets 等品牌,代言内容涉及体育品牌、奢侈品、饮料、咨询业等多个领域,可见体育明星代言的热度。

对于体育明星而言,代言也是为自己提供了一个免费的自身形象的宣传途径。体育明星代言的品牌传播策略主要是通过具体的、可感知的真实人物形象,去转化品牌的内涵与认知,并赋予它鲜活的生命与亲切的联想,目的在于放大品牌与体育明星之间的共性,使目标受众在接收广告后形成两者之间正相关的思维惯性,从而在受众心中塑造健康、正面的品牌。因此品牌形象代言人自身的形象、个性,以及拥护者,是否与品牌定位相吻合,也是要慎重考虑的。如果两者搭配适宜,代言的效果将十分明显,但是如果忽视了其与企业品牌的关联度,在广告传播中,受众容易缺乏联想和记忆的关联点,最终导致广告传播效果不佳。

2006 年足球世界杯营销战中,联想斥巨资签约了巴西足球运动员罗纳尔·迪尼奥(小罗)作为品牌代言人事件,就是一个生动的例子。暂且不论小罗在本届比赛上令世人大跌眼镜的表现,单单从小罗选择联想的角度出发,就可以看出小罗并没有强化出自身品牌的独特个性,联想当时定位于沉稳、老练,而当时的小罗则是以朝气、激情著名,最终导致代言双方都表示了不满意。

4. **明星主题活动** 活动营销一直是所有营销手段中最活跃、最受欢迎的一种公关传播与市场推广手段,集新闻效应、广告效应、公共关系、形象传播、客户关系于一体,并为明星个人推介、展示创造机会,建立自身品牌识别和品牌定位,形成一种快速提升品牌知名度与美誉度的营销手段。20 世纪 90 年代后期,互联网的飞速发展给活动营销带来了巨大契机。通过网络,一个事件或者一个话题可以更轻松地进行传播和引起关注,成功的活动营销案例开始大量出现。体育明星参加活动不仅能够同自己的粉丝进行近距离的接触,更能够让自己的形象更生动、更丰满。

坚持以足球明星为亮点和主打的皇马中国行自 2003 年开始至今已持续了 8 年,仅 2011 年 7 月 31 日晚,西班牙皇家马德里俱乐部一行抵达广州,在广州白云机场,就有 500 多球迷和媒体迎接皇马和卡卡、C 罗等足球巨星。队长卡西利亚斯早些时候就在中国参加慈善活动,他认为到中国参加活动和比赛对扩大比赛的影响力与俱乐部的影响力是十分重要的。而每年的皇马中国行都会让这些巨星的粉丝不远千里从外地赶来参赛,一睹偶像在比赛中的风采。对于体育明星来说这更是难得的为自己做营销的途径,杜兰特上海篮球公园、费德勒 ATP 上海 1 000 大师赛赛前粉丝见面会、林丹雪铁龙粉丝见面会都是明星活动营销的真实写照。

**相关链接**

"将时尚融入运动,演艺明星与花滑明星同台献艺"继 2010 年"冰上盛典"借申雪、赵宏博"冰上婚礼"的浪漫主题一炮而红后,2011 年"冰上雅姿"花滑盛典从去年只演一场扩展为北京、上海、台北三地巡演。

当日申雪、赵宏博这对冰上伉俪携手 7 位重量级世界冠军和匈牙利小提琴家埃德温·马顿等演艺明星跨界合作,齐聚上海世博园,用精心编排的节目为中国观众展现花样滑冰艺术的梦幻、唯美与激情。演出汇集了无数媒体的目光和观众的现场观看,使本就非常著名的冬奥会冠军申雪赵宏博赢得了更多的目光。

5. 明星基金会　继各路娱乐明星开设自己的基金会后,体育明星也开始了开设自己的基金会,利用基金会建设自己的公益、健康的形象。

姚明基金会成立于 2008 年 6 月,2008 年由姚明捐资 200 万美元帮助中国四川汶川地震灾区重建 5 所学校。据透露,其中的一所学校已经竣工。2011 年 9 月美国德州遭受飓风袭击后,姚明基金会表示将帮助飓风灾区重建 4 个运动场。姚明基金会不断发展,合作伙伴也在不断增加,国际电讯业的领航者之一——iTalkBB 新电信公司也成了姚明基金会的合作伙伴,姚明基金会的建立成为其形象塑造的点睛之笔。

6. 出自传体小说　借势于自己在体育领域出色的表现和骄人的成绩,选择用文字讲述自己成长的故事,将自己用一生的磨砺才换来的点滴感悟传递给别人,体育明星的自传受到越来越多人的追捧,更将一个饱满、完整、鲜活的明星形象深度地传递给消费者。

一本成功的好书是能让人在字里行间读出言外之意,无论是姚明的《我的世界我的梦》或是刘翔的《我是刘翔》,都不单纯是运动员的训练历程记录,而更多的是以体育运动之外的人格本身的特质作为基础。例如姚明,他的幽默、个性及很多融合中西观点的看法才是自传中闪光的地方,因为它充分挖掘了人性中最丰富的东西,对同龄的青少年的成长也更有帮助。而出自传在外国运动界更为平常,欧洲各国每年都要推出上百种球星的传记作品。伯托-巴乔的《罗比-巴乔写信》、克林斯曼的《体育明星——尤尔根-克林斯曼》、拉恩·吉格斯的《正在踢球的天才》等都是其中典型的代表。

## 第三节　体育明星营销的营销方法

### 一、公益营销

公益行为虽不能直接带来效果,但它会改变人们对明星的看法,直接地提高明星的美誉度。公益营销亲切自然、易于接受,其商业性与功利性不像广告那么明显,而且公益营销的受众面广、数量大、针对性强。在重大公益活动的现场更是观众动辄成千上万,媒体受众不计其数,有利于明星与目标对象形成有效的沟通,达到事半功倍的形象塑造效果。

1. 公益活动　2007 年 7 月 29 日,在一场名为"一起运动,一起快乐"的慈善晚会上,包括蔡振华、李永波、熊倪、李小双、孔令辉、刘璇、谢杏芳在内的数十位"体坛明星"济济一堂,献出各自的珍贵"藏品"进行拍卖。在短短 3 个小时的拍卖过程中,共募集善款超过了 1 100 万元人民币。其中,中国羽毛球队总教练李永波珍藏的一枚签有悉尼奥运会所有奥运冠军名字的首日封,拍出了200万元的天价。拍卖的全部所得将用于为贫困地区建立运动员希望小学和培训贫困地区的体育教师。此次慈善拍卖晚会由中国运动员教育基金会、中国青少年发展基金会、李宁公司和CCTV2共同主办。作为活动的发起人,已很少在媒体面前露面的李宁也出席了晚会并捐出了自己的珍贵照片。

2. **举办或参加公益赛事** 2010年1月25日,"齐达内朋友队"和本菲卡全明星队在本菲卡的达鲁斯球场进行了一场慈善赛,支持海地地震中受灾的灾民。最终齐达内朋友队与本菲卡全明星队战成3:3平。齐达内朋友队中包括齐达内、菲戈、戴维斯、耶罗等已退役明星,还有卡卡、亨利、阿尔维斯、皮雷、杜德克等现役球星。而他们的比赛对手是由本菲卡现役球员和退役的传奇球星们组成的本菲卡全明星。作为联合国发展计划大使,齐达内每年都会举行慈善赛,齐达内朋友队与罗纳尔多朋友队此前曾多次举办慈善赛募集善款,本菲卡俱乐部慷慨地提供了球场和比赛队伍。对于比赛来说,结果并不重要,参加这球赛的球星们,支持并帮助在1月12日海地地震中受灾的民众们才是最终目的。

3. **成立慈善基金会** 美国国家橄榄球联盟的堪萨斯城酋长队有超过20名退役队员作为志愿者加入了俱乐部亲善大使的项目,这些亲善大使协助建立慈善基金。圣路易斯红雀队球员Jim Edmonds在其5年的合同期内总共向"红雀关爱基金会"捐献了100万美元现金。就在Edmonds捐赠的这5年当中,"红雀关爱基金会"对地方慈善事业的捐款每年有近50万美元。

高尔夫选手泰格·伍兹建立了以自己名字命名的泰格·伍兹基金会,该基金会宣称"我们致力于通过发起和建立以社区为基础的,改善美国孩子们的健康、教育和福利的项目,使年轻人能发挥出他们最大的潜能"。在这一目标的指导下,基金会资助奖学金基金和青年项目,开展初级高尔夫培训,为孩子们建立个人成才项目。著名女足队员米亚·哈姆也有自己名字命名的基金会,已经成为一个非营利的全国性组织。基金会致力于为骨髓类疾病募集资金,提高对该类疾病的重视程度以及创造更多的女性参与运动的机会。例如,该基金会资助像国家骨髓捐赠项目和女性体育协会这样的项目。

进行公益营销一方面来讲是运动员自身境界的一种提高,满足其维护社会形象的需求。另一方面也是体育事业逐渐向体育产业发展的一种改变,一个过渡。更多和运动员有关系的赞助商、著名的企业,他们本身对社会的诉求也使得体育明星有了更大的舞台去展示他们对于社会影响力的呼唤和关注。

## 二、联合营销

体育明星个人的营销力度和资源都是有限的,为了更好地进行自身营销,体育明星通常选择联合营销。体育明星在与其他事物的联合营销中,利用其自身的知名度为合作方带来关注度,与合作方进行战略联盟,交换或联合彼此的资源,以创造营销优势,合作开展营销活动。

1. **参与品牌节目** 在备受关注的广州亚运会中,搜狐的特色视频节目《乔加大腕》从娱乐亚运的角度为网民提供了一个新鲜、有趣、不枯燥又能充分了解亚运会的窗口。《乔加大腕》由央视著名主持人韩乔生和搜狐美女主持莎莎共同主持,郎平、王治郅、赵蕊蕊、高敏、肖钦、杨威杨云夫妇等众多体育界的明星大腕参与进来,虽然是访谈类节目,但贵在不局限于访谈形式,融合了情景剧,脱口秀等节目的优势因素,共同打造出了一档内容丰富、形式活泼、制作精良的亚运视频节目。《乔加大腕》同时在全国20家电视台落地播出,全国观众可以通过这20家电视台看"乔大嘴"和各位嘉宾斗智斗勇,了解嘉宾们对亚运,对体育难以割舍的情怀。

《乔加大腕》在视频播放的同时更是衍生出乐趣盎然的大腕语录,如"54枚金牌是扑克牌,中国3天玩了一副牌"、"所有迷恋杨云的人见鬼去,她只属于杨威"……众多大腕语录被网友在搜狐微博上广为转载,亚运期间搜狐微博及其他互动平台掀起一阵"大腕语录"风潮。《乔加大腕》在推广上采用整合营销的方式。首先通过口碑营销的模式,在天涯等10多家大社区推出"美女乔麦"爱慕韩乔生的帖子,利用网友对美女乔麦的关注,在亚运会前掀起一阵"韩乔生"热。同时,在搜狐微博中推出我是乔麦"评韩乔录,赢笔记本"活动。凡是在搜狐微博加韩乔生微博关注的网友都成为韩乔生的粉丝"乔麦",并且在韩乔生微博中每日推出韩乔生最新语录、与节目相关的花絮照片和视频,获得了网友的极大关注,网友可以及时地了解节目最新进展,微博推广与节目相辅相成。再次,在社区推出了"史上最雷解说员"活动,网友模仿韩乔生点评自己最喜爱的体育视频,为《乔加大腕》营造了更大的网络声势。在这一活动中参与节目的"大腕",均借助节目的走红不同程度的又火了一把。

2. **参与电视节目解说** 巴克利因伤远离了赛场,他的四肢"没有最好的用武之地",美国两大电视台全国广播公司(NBC)和特纳体育电视台都希望他能担任他们的 NBA 评论员。巴克利也因为参与最大的电视台、评论最热的体育赛事,加之他快人快语常常妙语惊人,评论事物和球赛一语中的,使他在退役后仍保持着较高的知名度。

中国著名篮球运动员张卫平在退役后,受聘于中央电视台体育频道,受惠于央视在全国的垄断地位,张卫平也在晚年火了一把。尤其是在男篮世锦赛上对中国队在前两场中的表现,大部分中国球迷都表示满意。让球迷们感到开心的不仅仅是国家队的表现,担任比赛直播解说顾问的张卫平,在这两场中的语录更是令球迷们津津乐道。而张卫平也顺势推出了自己的篮球教学视频、训练营等。

3. **电影拍摄** 科斯特纳曾是一名非常出色的篮球运动员,并且很有希望闯进 NBA,在结束运动员的生涯后他选择用电影来延续自己的镁光灯生活。1985 年,他在影片《西尔弗拉多》中成功扮演一位枪手后开始走红。1990 年,他凭借《与狼共舞》获得当年奥斯卡最佳影片等七项大奖。此后他又导演和主演了《刺杀肯尼迪》《侠盗罗宾汉》《保镖》及《未来水世界》等影片。前足球明星、曼联"国王"坎通纳退役后转型娱乐,1998 年在历史传记片《伊丽莎白》中饰演公爵获得好评;2003 年主演《饭局》,在其中他牺牲形象,饰演贪吃的超级胖警长,再一次受到观众的肯定。史泰龙经典系列影片《胜利大逃亡》属于取材新颖的战俘营电影,讲述二战期间纳粹国家队与盟军战俘队的一场足球赛,球王贝利与多名欧洲足球好手在片中扮演战俘。

**相关链接**

　　选择拍摄电影并不是退役明星的专利,奥尼尔在 NBA 球场上叱咤风云的同时也不忘自己的演艺生涯。1994 年他在《火爆教头》中演一个名字叫"Neon(氖)"的篮球运动员;1996 年他在《精灵也疯狂》饰演被一个可爱的小孩发现的精灵"卡赞";1997 年的《钢铁悍将》,他演穿着钢铁外套的超级英雄。电影的推广和成功让人们认识了体育明星运动场外不为人知的一面。

## 三、网络营销

与传统媒体的单向说服不同,社会化媒体具有更适合机构发展成员的双向的、开放的沟通方式,而且,社会化媒体还具有无与伦比的口碑传播效率。随着社交网络的不断流行,体育明星的网上营销也日益成为体育明星青睐的手段。体育明星的网络营销是指体育明星以互联网络为基础,利用数字化的信息和网络媒体的交互性来辅助营销目标实现的一种新型的市场营销方式。

其优势首先在于网络宣传是多维宣传。传统媒体是二维的,而网络宣传则是多维的,它能将体育明星的文字、图像和声音有机地组合在一起,传递多感官的信息,图、文、声、像相结合的宣传形式,将大大增强网络宣传的实效。其次,网络营销的制作成本低,速度快,更改灵活。第三,网络营销能进行完善的统计,通过访问量的统计等可以进行完善的统计。第四,传播范围广、不受时空限制,体育明星可以随时将自己比赛或生活的信息24小时不间断地传播到世界的每一个角落。只要具备上网条件,任何人,在任何地点都可以阅读。这是传统媒体无法达到的。最后,网络营销具有极强的互动性,网络上查询、下载、交流等功能,为粉丝提供了非常便利快捷的服务,是其他媒体无可比拟的。

1. **大型门户网站博客和微博营销** 大型门户网站,如搜狐就专门设立了体育明星博客主页,在主页中集合了刘翔、郎平、王丽萍、楼云等著名体育运动员的博客,而访问量最高的刘翔的博客点击量已经超过1 800万。微博的产生使得新浪和腾讯也不示弱,纷纷招募体育明星在自己的微博主页上开设账户。而刘翔在腾讯的微博更是成为年度微博的人气王,微博和博客的宣传效果是传统营销手段远达不到的。

2. **大型社交网站个人主页营销** Facebook、Google、人人网、开心网等大型社交网站的走红不仅引起了各品牌公司的注意力,更让体育明星及其经纪人眼前一亮。目前,刘翔、姚明、郑洁、甚至科比的个人主页都可以在社交网络上找到。与粉丝方便的互动、便捷的交流无疑成为体育明星们选择社交网络的重要原因。

3. **其他网络形式营销** 除了上述两种形式之外,网店、个人网站、个人贴吧、论坛、俱乐部官方网站等便于互动和交流的新型网络平台都成为体育明星进行自身营销的手段。

## 本 章 小 结

体育明星营销是指根据市场需求,以体育明星为核心产品,利用广告代言、公关活动等手段进行明星品牌塑造、无形资源开发等活动的总和。作为非物质类产品体育明星营销,其与普通营销最大的区别在于体育明星营销的根本是体育明星的个人形象等无形资产,体育明星营销的核心产品是明星公众形象、运动成绩及衍生品。一般会用到的特殊营销手段为:公益营销、联合营销及网络营销。

### 思考题

1. 体育明星营销可以从哪些不同的维度去定义?
2. 体育明星营销最大的特征是什么?
3. 体育明星营销的核心产品是什么?
4. 体育明星营销的特殊营销方法有哪些?

# 第七章 体育健身娱乐业服务营销

**本章要点**

- 体育健身娱乐服务营销相关概念与特征
- 体育健身娱乐业服务产品
- 体育健身娱乐业服务营销过程
- 体育健身娱乐业服务评价

> **案例导读**
>
> 进入10月份以来,北京的都市媒体接连报道了几家健身俱乐部突然关门停业的消息,价值几百元、几千元不等的会员卡一夜之间一文不值,形同废纸。会员备感受骗上当,纷纷上门讨要会员费,在健身行业产生了不小的影响。
>
> 记者特别关注了一下,发现健身俱乐部倒闭不仅在北京接连出现,进入2008年以来,特别是6月份以后,上海、广州、株洲、金华、昆明和海口等多个城市都出现健身俱乐部倒闭的现象,有的城市不只一家。这其中有经营了20余年口碑很好的行业领跑者,也有开业不到3个月的业内新兵。以往也有健身俱乐部经营不善开不下去的情况,但是像今年这么集中并形成一个高潮的现象,还是首次出现。由于健身俱乐部的经营方式大多以出售会籍或年卡为主,到各个俱乐部健身的消费者基本是以会员为主,大的俱乐部会员有上万,小的俱乐部会员也在几百上千。因此,粗略算下来,仅上文提到的城市中因为健身俱乐部倒闭而利益受到损害的会员就不下几万人,这绝不是一个无关紧要的数字。
>
> 由于席卷全球的金融危机,各个行业因为贷款困难、资金断流而陷入不同程度的危机之中,健身俱乐部的接连倒闭是目前体育相关行业中最先凸显出来的受到影响的群体,而且由于健身俱乐部是提供健身服务的,因此与消费者的联系最为紧密,影响也最大。与有些行业出现的以种种经营为假象、暴敛资金,找准时机消失的欺诈案不同,就媒体所报道出来的健身俱乐部倒闭的情况,基本没有预谋欺诈的,大多是经营不善、难以为继。分析这些健身俱乐部的倒闭原因,无不与资金有关。多数经营者坦陈,实在没有资金撑下去了。
>
> 资料来源:中国体育报 http://sports.sina.com.cn/s/2008-11-21/11101497827s.shtml

# 第一节 体育健身娱乐服务营销相关概念与特征

## 一、体育健身娱乐业概念

体育健身娱乐业是指在特定的健身娱乐环境与场所里,通过企业一系列的经营手段,为体育健身娱乐客户提供体育健身娱乐服务产品,满足客户参观与参与的价值需求,改善客户生命与生活质量的一系列企业的集合。关于体育健身娱乐业概念具体内容包含:①体育健身娱乐业的目的是通过提供服务产品实现客户生命与生活质量的改善;②要达到上述目的,体育健身娱乐企业必须要提供一系列的经营手段;③本质是通过最佳化的经营来达到和超越客户体育健身娱乐的价值需求。

## 二、体育健身娱乐服务概念与特征

### (一) 体育健身娱乐服务的概念与内容

1. 体育健身娱乐服务的界定　体育健身娱乐服务就是体育健身娱乐服务企业(通常以健身娱乐俱乐部为典型代表)针对体育健身娱乐客户和一定的社会人群为主要服务对象,以传递体育健身娱乐技术为基本服务手段,提供体育健身娱乐设施与环境为基本服务条件,满足人们锻炼身体、娱乐身心、增进友谊、追求时尚需要,为人们带来实际利益的体育健身娱乐产出和非物质形态的服务。根据这一概念,体育健身娱乐服务主要包含:①体育健身娱乐产出:主要包括体育健身娱乐的服务实体及其质量,它能够满足人们对体育健身娱乐服务使用价值的需要,如增进健康、保持体型、促进交流等;②非物质形态的服务:主要包括服务态度、服务承诺、健身俱乐部的品牌形象、客户忠诚、社会公共声誉等,可以给体育健身娱乐客户带来较高的利益附加值和心理上形成的长期满足与信任感。

从体育健身娱乐服务的概念中可以看出,无论是体育健身娱乐的产出内容,还是非物质形态的服务内容,客户的满意与价值追求显然是核心的体育健身娱乐服务,体育健身娱乐的一切服务都要围绕这个核心来展开。从功能层次上看,体育健身娱乐服务包含了3个层次,即核心体育健身娱乐服务、显性体育健身娱乐服务和延伸体育健身娱乐服务(图7-1)。

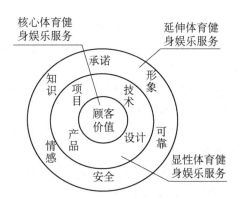

图7-1　体育健身娱乐服务功能层次图

2. 体育健身娱乐服务功能表述

(1) 核心体育健身娱乐服务。这是体育健身娱乐服务的最基本层次,也是体育健身娱乐客户需求的物质或服务的核心利益。无论哪一种类型的客户来到体育健身娱乐场所,必然有他们的目的,对客户参与体育健身娱乐目的的了解与核心体育健身娱乐服务提供应有很强的契合性。核心的体育健身娱乐服务是为客户提供最基本的效用和利益,向人们表明体育健身娱乐服务的实质。

(2) 显性体育健身娱乐服务。这是体育健身娱乐服务含义的第2个层次,即体育健身娱乐服务的外显内容。也就是客户需求的体育健身娱乐服务实体或外在质量。这些内容主要是通过体育健身娱乐提供的服务项目、设施种类的齐全、保养与新旧、员工的技术水平、体育健身娱乐的质量与效果以及员工的仪表等体现出来。可见,外显体育健身娱乐服务向人们展示的是核心体育健身娱乐服务的外在质量,它能满足同是体育健身娱乐客户的不同需求。

(3) 延伸体育健身娱乐服务。这是体育健身娱乐服务各种延伸利益的总和,是核心体育健身娱乐服务的延伸部分。如体育健身娱乐经营场所开展的体育健身娱乐咨询、体育健身娱乐知识介绍、体育健身娱乐与营养保健讲座、体育健身娱乐服务承诺、体育健身娱乐场所环境、服务人员的态度等,它能给客户带来更多的利益和更大的满足,可以提高满意度和忠诚度。

上述3个层次构成了体育健身娱乐服务含义的内容,体现了"以顾客为中心"的现代体育健身娱乐服务组织经营思想。随着科学的进步、人们消费水准的提升,体育健身娱乐业客户的需求会不断扩展,体育健身娱乐服务的含义会更加丰富。

3. 体育健身娱乐服务的对象　按照国际标准化组织(ISO)的定义,服务的对象即顾客,顾客是指接受产品和服务的组织或个人,如消费者、委托人、最终使用者、受益者等。国际标准化组织关于顾客的定义是宽泛的。那么,体育健身娱乐服务的顾客包括哪些人群?从体育健身娱乐场所服务的对象来看,几乎囊括了社会的各个层面。从需求来看,有健身的、有保持体型的、有交际交往的;从目的来看,有保持健康的、有恢复疾病的、有心理放松的等。按照市场的特征,本书把这些体育健身娱乐服务对象统称为顾客。

**(二) 体育健身娱乐服务的特征**

1. **无形性**　顾客在接受服务前无法预知服务结果,即使在服务结束后,也很难准确把握。例如,对一些接受身体保健的客户,在接受训练前很难知道能否达到保健的效果,即使在课程结束后,也很难快速去体现。服务质量的评价很大程度上取决于顾客的心理感受和主观评价。体育健身娱乐场所的品牌形象、宣传和承诺及顾客自身的经验影响顾客对体育健身娱乐场所的选择。

2. **差异性**　体育健身娱乐场所不同的岗位人员、同一岗位不同的管理和技术人员、同一人员在不同的地点与时间均有可能产生服务的差异性。如顾客通过顾问的介绍与通过教练员技术传递的实际感知可能完全不同。同时体育健身娱乐的客户由于自身的知识水平、经济水平、社会地位与性格特征等差异,对体育健身娱乐场所提供的同一服务质量和效果也会有不同的评价。

3. **不可分离性**　只有客户在体育健身娱乐场所进行参观、锻炼或其他目的的消费时,体育健身娱乐场所才能够实施服务。从另一个角度来说,当体育健身娱乐场所在实施服务时,只有具备客户的理解与配合,服务才能够有效完成。所以,当社会对体育健身娱乐的需求越旺盛,体育健身娱乐服务才会形成一门科学,体育健身娱乐业才能茁壮成长。

4. **不可储存性**　如果没有顾客,健身娱乐场所就无法提供服务,在无法提供服务的这个时间段也不能被储存下来留到以后使用。即使遇到需求高峰时,服务呈现出明显不足,除非增加服务人员或新的服务内容去保持平衡。

5. **缺乏所有权**　顾客在体育健身娱乐服务结束后,并不会发生服务生产与消费过程中的所有权转移,顾客并没有"实质性"地带走体育健身娱乐场所的任何具有所有权的东西,如健身器材、健身环境和参加体育比赛的选手等。

6. **顾客参与**　顾客对服务质量的评价是体育健身娱乐服务质量评定的决定因素。因此,健身娱乐场所培育与顾客之间的沟通,是其服务的重要一环,只有建立在双方高度信任的基础上,才能够提高体育健身娱乐场所的服务质量,培育出忠诚客户。因此制度的透明性,服务的可靠性,设施设备的安全性,体育健身娱乐场所服务人员的专业性以及服务人员的真诚性都会影响到顾客的参与。

### (三) 体育健身娱乐服务感受影响因素

影响顾客对体育健身娱乐服务感受的因素主要包含:服务接触、服务证据、服务形象和服务价格等。

1. **服务接触**　对顾客来说,能给他们留下最深刻印象的是与服务机构的接触。如健身服务中,顾客与健身服务组织(或称俱乐部)的服务接触程序大致是:前台接待→健康专家测量、记录顾客的体重与血压等→生理专家评估顾客的健康水平并开出一份锻炼的课程→教练指导和管理顾客完成练习项目。顾客在以上每一个环节的服务接触中都会感受到体育健身娱乐组织的服务质量如何。每个服务接触都影响到顾客对体育健身娱乐组织从总体上所做出的服务满意评价,并影响顾客将来是否续约。而从体育健身娱乐组织来说,每一个服务接触都提供了一个向顾客展示其优质服务的机会。因此,做好这一系列的程序性工作将增强顾客续约和进行优质传播的可能性,即增强顾客对该体育健身娱乐组织的忠诚度。

2. **服务证据**　影响顾客服务感受的另一个因素是服务证据。由于服务具有无形性、生产与消费同时性的一般特征,当进行服务质量评价时,顾客便会在各个服务接触中寻找服务证据。服务证据的来源主要有:人、程序(过程)和实物证据等。如健身俱乐部中,人的因素包括:服务人员(接待人员、销售人员、健康专家或教练等)、顾客本身、其他管理人员(如后勤人员等)。程序(过程)要素包含:服务流程、相对于服务标准的服务灵活性、设施设备的运用性能等。实物证据包括:服务设备、技术讲解图示、沟通证据等。体育健身娱乐客户根据服务证据进行评价,如对人的评价,主要是针对服务人员的礼仪形象、礼貌态度、乐于帮助的行为、掌握体育健身娱乐的技术与知识、业务讲解的水平、能否为客户考虑等;对过程进行评价,主要是指服务流程是否清晰,是否需要排队等候,信息了解是否准确,是否准时开始等;对实物证据进行评价,主要是指环境是否整洁、各功能区设置是否合理、是否体现出舒适性、客户的信息登记册是否进行常规记载、体育健身娱乐场所是否有明确的服务标准与规范等。上述3个方面的服务证据构成了顾客对体育健身娱乐服务质量评价的重要依据,是影响顾客满意的重要因素。

3. **服务形象**　顾客对体育健身娱乐服务的感受还受体育健身娱乐服务组织的形象和声誉的影响。体育健身娱乐服务组织形象是和客户相联系的一个组织的属性。这种属性可以是非常具体的,如每天营业的时间、各时间段不同的学习内容安排、课时时间的长短、设施器械的先进性、服务项目种类的多样性等;也可以是情感性的,如能否始终营造温馨的体育健身娱乐氛围、服务人员总是能够热情相待等。这种形象会建立在顾客的脑海中,同时广告、公关活动、实物形象以及口碑等均会加强这种形象的形成。体育健身娱乐服务组织的形象是宝贵的财富,它可以影响顾客对体育健身娱乐服务质量的感受和满意程度。

4. **服务价格**　服务价格可以大大地影响顾客对体育健身娱乐服务质量的感受、满意程度和价值。正是因为服务是无形的,顾客购买前很难进行评价,因此,价格通常作为指示器,对顾客的质量期望和服务感受产生很大的影响。如果价格偏高,顾客就会期望有高的服务质量与之匹配,并且顾客的实际服务感受就会被这种高的服务期望所影响。如果价格过低,则会使顾客怀疑服务机构提供高质量服务的能力。因此,体育健身娱乐服务组织应确定合理公平的价格与服务费用。

**相关链接**

## 如何设计一个为客户着想的健身房

"世界健身快车"是一家位于弗吉尼亚州的健身俱乐部,健身房主斯科特和莎伦·格雷斯基对如何设计健身房深有体会。他们把一个写字楼改造成通风、设计精良的健身中心。莎伦表示:现在有很多人向世界健身房推荐产品,而他们也制定了优惠的购买计划。但由于举重墙而阻碍了优惠的购买计划,所以为了更好地利用空间,格雷斯基夫妇不得不想办法,设计出一个结构新颖、光线充足、视野开阔的健身房。

莎伦说:"我们想让健身房看起来既坚固又时髦。"为了使弗吉尼亚州的白领成为他们潜在的顾客,所以格雷斯基夫妇想将健身房拓宽,并增加一些操作简便的健身设备。他们聘请了"彻底健康"的所有者迈克·路梅尔帮助他们挑选适合当地人锻炼习惯的设备。迈克建议把健身者的实际需要作为选择设备的主要因素,格雷斯基夫妇接受了他的建议。后来,格雷斯基夫妇要增添一件力量练习设备,这是一个不在他们供货渠道内的品牌。所以,他们要求设备公司按照他们的设计方案置备了一套理想的设施。

购置完相应的设备以后,格雷斯基夫妇开始粉刷墙壁。然后铺地砖、装饰脚踏车房,使这一切看起来像是出自设计师之手。下一步莎伦将注意力转移到脚踏车房中,她将许多小灯泡配合塑料星星装饰在房间的墙壁上,然后格雷斯基夫妇将墙涂成海军蓝和黑色,他们还用夜光的塑料星星在墙壁上贴出了各个星座。一番布置之后,一个以太空为主题的脚踏车房就大功告成了。

位于弗吉尼亚州瀑布教堂市健身中心的合伙人苏·利伯瑙提醒健身房拥有者,除了设备布局之外,温控、湿度和通风也是非常重要的。"她说:"这些都应考虑在设计里。你的设施中现在很可能就存在着问题:也许是更衣室太冷了,有氧器械区太热了?或者是放松区太冷?"在她的工作中,利伯瑙看见大量的问题不断重复着,并建议不要在你的(供热通风与空调工程)系统上太过吝啬。没有一个好系统,会员们就会需要电扇,但电扇只会吹热风。利伯瑙建议设立两个房间:一个低温室用来做有氧练习的,另一个高温室用于身心健康练习的。

信息管理计划很重要,应在健身房设计之前完成。了解在进行会员制的工作中该收集哪些信息,健康问题评估及信息将会以何种方式被使用是很重要的。

特别的房间和存储室。除了硬件软件外,在你的设计中,还应包括工作人员和会员单独讨论健康问题的地方。同样,考虑设立一个作为放置设备、练习附件及保洁用品的存储室。

施工开始前,最好找一个行家来看看你的计划中是否有纰漏。你需要一个明确的消费群。他们是年轻人还是老年人?他们是不是胖人?是否有特殊需要?一旦你能清楚地说出会员们的需要,行家就能更好地帮你设计出具有吸引力和功能性的东西来。这些对一个好的开始非常重要,因为一旦你开始扩大或是改变需要,通常会被空间和构造限制住。开始的精心计划将为发展留出余地。在设计每一块空间前,要把所有可能出现的情况都考虑进去,越是小型的健身房就越发显得重要。

以上这些问题在健身房设计中是很值得花时间考虑的。从墙壁和设备的放置到地板和设备的类型,有很多需要斟酌的地方。"用灵活意识和对人口趋势的深入理解来进行设计,"利伯瑙说,"你也许不能预测出下一个健身潮,但你肯定知道老年人会投身更多的运动,肥胖是种流行病,保健费用一直呈上升趋势。有了这些认识,经理们需要作出相应的计划,否则他们的设备和事业则会过时"。

资料来源:艾米·斯堪林 凯亦/编译 http://www.gmw.cn/02kxjs/200407/01/content_93130.htm

## 第二节 体育健身娱乐业服务产品与营销策略

体育健身娱乐服务营销是指为满足健身娱乐客户锻炼身体、娱乐身心、增进友谊和追求时尚需要所进行的产品开发与经营的过程,其最终目的是通过体育健身娱乐企业的服务经营培养企业的忠诚客户。

### 一、体育健身娱乐业的服务产品

从目前来看,能够满足体育健身娱乐客户的服务产品有两类:其一是解决问题类产品;其二是享受快乐类产品。从国内目前社会经济发展的实际来看,能够走进体育健身娱乐的客户大多抱有购买某一类产品,或两者兼而购买的特征。那么,无论是解决问题类产品,还是享受快乐类产品,回归到体育的本源上看,其产品体现还是要通过项目类课程产品和个性化服务产品来体现。

1. 项目类课程产品　目前国外大众体育通过体育健身来解决问题的有氧类项目主要有:骑自行车、慢跑、快走、游泳、跳操和登山等。这些项目流行的一个很重要的原因在于贴近生活,很明显,所有这些项目都能够通过体育健身娱乐中心或俱乐部课程的形式得以实现(表7-1)。

表7-1　体育健身娱乐俱乐部会员最希望体验的课程产品(日本)

| 排名 | 课程 | 比例(%) | 排名 | 课程 | 比例(%) |
| --- | --- | --- | --- | --- | --- |
| 1 | 瑜伽 | 17.8 | 8 | 极限挑战 | 4.7 |
| 2 | 搏击操 | 13.6 | 9 | 步行培训班 | 4.7 |
| 3 | 杠铃操 | 10.3 | 10 | 踏板操 | 4.2 |
| 4 | 太极拳 | 8.5 | 11 | 夏威夷舞蹈 | 2.3 |
| 5 | 韵律操、踏板操 | 8 | 12 | 爵士 | 1.9 |
| 6 | 普拉提 | 8 | 13 | 动感单车 | 0.9 |
| 7 | 身体抚慰 | 7.5 | 14 | 其他 | 7.5 |

资料来源:中国体育资讯网 http://www.sportinfo.net.cn/

2. 个性化服务产品　个性化服务产品的提供主要是指通过环境、场景、个人特征等所提供的专有化产品。这类产品类似于目前的私教服务,其产品主要通过个人设计与指导的方式综合加以实现。如个人的专属教练、球童、个人运动处方、个人专线、私家营养师和运动场所的私处环境等。当然,个性化的服务产品并不局限于个人,也可以是团队或集体。

3. 观赏类服务产品　主要是指顾客通过参观和欣赏的方式进行消费的体育健身娱乐产品。这类产品主要由体育赛事和体育表演构成。是赛事举办单位或体育表演单位通过提供精彩的体育赛事和体育表演,同时对整个赛事或表演过程提供专业化的服务来使顾客获得身心愉悦进行消费的产品。目前中国正处在赛事和表演产业快速发展的阶段,已经形成了一定数量和规模的消费团体。

**相关链接**

**依靠服务转型的京城现代健身娱乐**

近两年,京城各大健身机构大打价格战,500～600元办一张健身年卡屡见不鲜。价格战的恶果是导致健身房服务质量下降,顾客流失严重,大批健身房纷纷关闭。2009年末,健身行业终于有了转机。

11月26日,浩沙集团旗下的浩沙健身并购浩泰健身51家店,使得浩沙健身直营连锁健身俱乐部达86家,成为全国店面数量最多的健身机构。并购成功之后,浩沙健身立刻将原浩泰健身俱乐部的会员卡价格提高了一倍,并投资进行硬件和软件改造,恢复了京城健身原本时尚的面貌。此举不但终止了行业内耗严重的价格战,也避免了由于健身房关闭而引发的一系列司法和社会群体事件的产生。

浩沙集团董事长在接受采访时说,经过前期的投入,各健身房拖欠员工工资和会员退费难的问题基本得到解决。据介绍,前段时间由于价格战,京城各健身房甚至出现了700元可以办两年健身卡的奇怪现象,单位时间内的健身费用下降到只有几毛钱。结果过去多是白领光顾的健身房变得人满为患,各年龄段健身人群混同锻炼,一些中老年健身人群甚至把健身房当成了洗澡堂。而经营者由于价格战入不敷出,已经有老板夹皮包跑路,留下没有支付工资的员工和无处退款的会员。

董事长说:"我们提高价格,并不是要将健身重新变成高端人群的消费,而是规范行业标准。我们仍旧保持健身房原有的软硬件设施,甚至还要提高,另外从服务理念上下手,让健身这个行业重新变成全民健身的一部分。"

作为一家生产泳装起家的企业,浩沙走的不是中国体育品牌惯常的品牌赞助赛事的路子来提升品牌形象,而是把自己由制造商变成服务商。作为一个年产值五六亿元人民币的体育品牌,浩沙在福建这个盛产知名服装品牌的地区只能算是"小弟"。年产值几十个亿的品牌都只能在国内二三线城市销售,浩沙却直接占领北京、上海这些一线大城市,而且面向的群体都是高端白领阶层。浩沙健身总经理说:"浩沙采取的是一体化、一站式服务,并且未来发展的方向是健身房为主、健身产品生产为辅。虽然从现阶段看,健身俱乐部是高投入小产出的行业,但其未来发展前景广阔;从商业角度看有巨大的经济利益,从社会角度来看是利国利民的重要事业。"

在全球金融危机的冲击下,中国体育服装品牌也出现了发展模式单一、竞争残酷的局面,浩沙健身的模式提供了新的思考方式。浩沙杯全国万人健美操大赛在重庆永川落幕,超过10万人参加了这一活动,仅单日的总决赛就有2 000多人参加。浩沙让健身与普通群众走得更近,这样既避免了价格战的内耗,也将健身的理念推广至平民百姓。

改善国内健身行业状况是个长远计划,浩沙已经做好了打长期战的准备。"但浩沙还是会以每年增加100家俱乐部的速度加快行业发展,因为浩沙的目标是让健身成为老百姓生活的一部分。国外健身人群占人口总数的百分之十几,中国只有零点几,这说明健身在中国还有广阔的发展空间。现在需要做的是提高服务理念,改变人们的健身观念。随着中国城市化进程的不断加大,健身设施肯定是社区、学校和城市发展的必要配套设施"。

资料来源:新华体育网 http://chnfit.com/jsqc/hyxw/958.html

## 二、体育健身娱乐的服务层级

从目前体育健身娱乐企业提供服务的水平与能力可以看出,可以把服务营销的水平分为4个层级,即基本的服务、满意的服务、超值的服务和难忘的服务。

1. **基本的服务**　是指体育健身娱乐企业按照企业规章制度规定所必须提供的最基本的服务。以健身俱乐部为例,企业必须为顾客提供健身的环境与设施,必须保证健身练习者的安全,健身服务人员必须做到专业和热情等。

2. 满意的服务　是指体育健身娱乐企业除了给体育健身娱乐顾客提供基本的服务之外,还应当包含能够给顾客带来情感愉悦的服务。满意的服务宗旨在于顾客在消费了体育健身娱乐产品的整个过程中,能够感受到员工的关怀和环境的舒适所带来的心理满足感。满意的服务要求体育健身娱乐企业员工面对顾客始终抱有真诚的助人心理。

3. 体育健身娱乐企业超值的服务　是指体育健身娱乐企业除了给体育健身娱乐顾客提供满意的服务之外,企业或员工的服务能力和服务水准能够给顾客带来超越其价值的服务。也就是说实际所提供的服务超越了顾客理想中的服务。同样,以体育健身俱乐部为例,如果俱乐部员工自始至终的服务能够保持一贯性,另外在顾客服务的常规价值之外体现出了新的价值,让顾客意想不到。如体育健身娱乐顾客每隔3个月进行一次体质测量,并出具一份个人的测量报告,而这种体质测量并不包含在顾客的常规服务之中,因此而具有超值性。

4. 体育健身娱乐企业难忘的服务　是体育健身娱乐企业塑造服务的最高境界。也是体育健身娱乐企业成功吸引顾客,并催生忠诚顾客的最高营销模式。体育健身娱乐企业难忘的服务是指体育健身娱乐企业通过塑造或者创造顾客服务的难忘情境,以使顾客在心理上能够保持长久记忆的服务。这种服务需要体育健身娱乐企业做好顾客信息管理系统,善于捕捉和发现顾客的信息机遇。

虽然我国体育健身娱乐业的发展已走过20多年的发展历程,但总体上是依靠磨炼去积累服务经验的,显然对服务技能的把握,靠磨炼是不可能获得巨大提升的。因此,从思维上要努力端正这样一个服务的思想,就是体育健身娱乐业的服务能力和服务水平必须依靠训练去获得和提高,为此加强服务的培训就显得尤为重要。

## 三、体育健身娱乐客户的性格分析及服务营销方式

从客户消费心理倾向出发,本书把体育健身娱乐服务的客户性格主要分为4类,即活泼型、力量型、平和型和分析型。

1. 活泼型的体育健身娱乐顾客特征及营销方式　从外表上观察,这类顾客的特征表现为性格外向,喜欢言谈,比较感性,看重人际关系,喜欢广交朋友。当然,这类顾客多数也能表现出自身的弱点,即缺少逻辑思维。针对活泼型的体育健身娱乐顾客,体育健身娱乐企业在进行服务营销的过程中,每一个环节都要体现出对这样的客户表达出恭维与赞美之意,特别要从顾客锻炼的健身效果去学会赞美。从发展较好的体育健身娱乐企业可以看出,恭维和赞美是有经济效益的。

2. 力量型的体育健身娱乐顾客特征及营销方式　从外表来观察,这类顾客的特征同样表现为外向、善谈,相对于活泼型的健身娱乐顾客而言,这类顾客通常比较理性,注重于自身的感受,常常要表达自身的见解,从特征上分析,这类顾客权利欲和控制欲较强,缺点表现在强调以自我为中心。这类客户,在体育健身娱乐服务场所并不少见,面对这样的顾客,作为企业的营销人员,应努力为其提供服务,善于制造出一种让他作决定的场面。

3. 和平型的体育健身娱乐顾客特征及营销方式　从外表观察,这类顾客的特征表现为内向,性格脾气较好,善于处理人际关系。这类客户在体育健身娱乐企业当中,可能不愿意多表述和评论健身娱乐场所的服务状况,但这类客户在其他客户中的影响力和地位较高。面对这样的顾客,健身娱乐企业的营销人员,应该真诚地与他们交朋友,营造多种途径或渠道来让他们表达对健身娱乐服务的建议。

4. 分析型的体育健身娱乐顾客特征及营销方式　从外表看,这类顾客的特征表现为内向,但比较注重事物,对体育健身娱乐企业所提供的服务,善于思考和分析所接受服务的不足,比较

追求完美。在体育健身娱乐服务过程中,这类顾客往往是服务营销人员最不愿意碰到的顾客类型,因为这类顾客太理性,揭露问题不留情面。面对这类顾客,首先要求营销人员提供的服务是专业的,而且要有专业的证据来说明为什么是这样,为什么不是这样;其次,作为健身娱乐的服务营销人员,应多主动征询他们的建议和意见,变被动为主动;最后,企业在常规召开的有关服务营销会议时,应多邀请这样的客户来参与,既可以获得宝贵的意见,同时对体育健身娱乐企业的服务来说也是一种监督。

总而言之,对于不同性格类型的体育健身娱乐顾客,企业应有针对性地采取相应的策略。对于活泼型的顾客,客服人员应多赞美、恭维他;对于力量型的顾客,客服人员应尽量提供服务,制造一种让他决定的场面;对于和平型的顾客,需要耐心地解说;对于分析型的顾客,第一给他提供专业的证据,第二要多征询他的意见。

### 四、体育健身娱乐企业服务营销的自我评价

与客户建立牢固关系的第一步就是通过满足客户的基本需求来获得他的信任,不了解客户的需求和不知道如何满足这种需求是危险的行为,而要达到这一点,首先要了解并辨别存在于客户心中的服务价值观,即客户最关注的方面和具体的行为标准。经常性地进行自我服务营销评价的企业不仅能够及时发现客户服务中存在的问题,最主要的是要在企业中树立一种经营的价值观。很多企业虽然也认识到客户服务的重要性,但面对利润追求的时候,往往把客户服务的价值观放在了最不重要的位置上。这也是很多体育健身娱乐企业不可持续发展的重要原因。因此,体育健身娱乐企业服务营销必须要定期进行自我评价。

1. **体育健身娱乐企业层面上的自我评价** 作为一家体育健身娱乐企业应该从哪些方面去展开服务营销的自我评价,目前还没有一个统一的标准,从营销的视角来看,企业注重以下几个方面的自我评价是科学的:①企业是否知道我们的客户如何评价企业、产品、服务和业绩?也就是说,我们是否为客户提供评价企业的依据。这一点至少在目前的体育健身娱乐企业来看,还很难做到。②企业的内部评估体系是否能够真实地反映客户对企业服务行为的评价?也就是说,体育健身娱乐企业在其内部的评估体系里面是否明确表明了企业的服务行为和客户该如何评价。③从客户的角度来看,企业和竞争对手的优势和业绩比较结果如何?也就是说,我们这家体育健身娱乐企业与其他企业在客户服务建设上有什么特色和新颖的地方。④本企业的客户在竞争对手的客户眼中的评价如何?⑤企业现在的哪些工作会给客户带来业绩上的帮助,哪些可能会造成损害?

需要说明的是,体育健身娱乐企业高中层领导与客户的私人接触往往会带来更稳固、更有利的客户关系和需求。因此,企业始终要认识的一点是,我们是在帮助客户去实现他的目的,这是我们的责任。

2. **体育健身娱乐企业员工层面的自我评价** 员工的自我评价,是在第一线上为客户创造价值,因此员工不间断地进行自我评价,不仅对提升自己的服务能力和服务意识大有裨益,而且也是企业服务价值观的落实与保证。

体育健身娱乐企业的员工应当在以下几个方面经常性地开展自我评价:①最后一次对客户深度交流或造访是在什么时候?这一点很重要,客户造访的本身是对客户价值创造的最大肯定,虽然难度不大,但要做到这点不容易,而且客户的造访,能够帮助服务营销人员积累客户资料,从而创造出新的服务营销机会。②是否把相似的产品和服务提供给每一位客户?③有没有区别地对待不同的客户?④最后一次考虑产品结构和价格策略是在什么时候?⑤为客户提供了过多还是过少的服务?上面问题检查能够帮助体育健身娱乐企业的员工时刻做到以客户为中心。

体育健身娱乐企业发展的目的如果强化的是利润的增长,那么在服务客户的时候必然会置客户于不顾,出现急功近利的趋势,最终也就会失去发展的动力。所以,任何体育健身娱乐部门应始终把培养忠诚客户放在首位,并使之成为永恒的追求目的,当这种价值观成为企业普适观念的时候,体育健身娱乐业的发展才会健康与和谐。

# 本 章 小 结

体育健身娱乐业是体育产业的本体与核心产业,从我国目前体育健身娱乐业发展的层面上看,最大的瓶颈就是服务营销。本章按照营销学的逻辑脉络,首先分析了体育健身娱乐业服务的相关概念与特征,对体育健身娱乐服务的本质特征进行了较为详细地概括;其次对体育健身娱乐服务产品进行了定位,并指出针对体育健身娱乐产品的服务的营销理念;然后分析了顾客购买体育健身娱乐产品的流程,概括了体育健身娱乐服务营销的服务层级,提炼了不同体育健身娱乐顾客的性格特征及所采取的服务营销模式;最后,论述了体育健身娱乐企业在开展服务营销的过程中如何根据企业和员工对所提供的服务展开评价。

**思考题**

1. 体育健身娱乐服务的概念与特征是什么?
2. 体育健身娱乐服务营销的概念是什么?
3. 体育健身娱乐业服务产品与营销理念是什么?
4. 体育健身娱乐企业如何在服务营销上进行自我评价?

# 第八章

# 体育旅游营销

**本章要点**

- 体育旅游营销的概念
- 体育旅游营销的特点
- 体育旅游产品的分类
- 体育旅游营销的方法

**案例导读**

2010年7月12日,4年一次的世界杯在南非落下了帷幕,除了守候在电视机前观看直播外,很多球迷还选择了亲临南非看球,在观赛之余自然也少不了去周边转转,领略下这个非洲南端"彩虹之国"的独特魅力。一项调查显示,有不少于20万人次的游客因世界杯而前往南非,而南非旅游部的预测更为乐观,将迎来30万名外国游客。据南非世界杯申办委员会估算,2010年夏及随后2年内,世界杯将给南非旅游业带来31亿美元的收益。统计显示,因2006年世界杯比赛前往德国的游客数量超过200万人次,当年旅游业收入增长7%,世界杯后德国入境旅游继续呈现快速增长势头,2007年旅游业增长率接近10%。体育和旅游的有机结合,不仅为体育的发展提供了经济基础,也为旅游行业的提升注入了新鲜元素和新的活力。

## 第一节 体育旅游概述

近半个世纪以来,以微电子技术为核心的信息技术空前的发展,人类从工业社会到信息社会生产力的巨大发展,降低了劳动强度,缩短了劳动时间,增加了闲暇时间,生活条件和生活方式大大改善,同时人们的工作生活节奏加快、环境污染、生态失衡与营养过剩,给人类健康带来了诸多风险,各种"现代文明病"逐渐产生。因此人们越来越看重健康,于是人们便把旅游与运动联系起来,一种既运动又旅游的"体育健身游",即体育旅游,便产生了。体育旅游是现代旅游业的一个重要组成部分。尽管当代社会关于体育旅游的研究还处于萌芽状态,但体育旅游已成为一个全球性文化现象,并在欧美形成巨大的旅游市场。据有关专家预测,体育旅游将成为世界上最大的产业之一。

### 一、体育旅游营销的概念

1. **体育旅游** 目前,关于体育旅游的定义,还没有一个统一的规范的说法。从狭义上讲,它是以参加各类体育竞赛、会议、交流等为目的的旅游;广义上讲,是以各种球类运动和水上水下运动、各类探险活动、康体休闲运动、汽车自行车越野、狩猎骑马、棋牌武术等为主要目的内容的旅游,是旅游科学与体育科学交叉渗透而产生的一个新领域。

2. 体育旅游市场营销　体育旅游市场营销是通过分析、计划、执行、反馈和控制这样一个过程为以体育旅游消费需求为导向,协调各种体育旅游经济活动,从而实现提供有效产品和服务,使游客满意,使企业获利的经济和社会目标。体育旅游市场营销的主体很广,包括所有旅游企业及宏观管理的旅游局。如体育旅游景区、景点、旅行社、宾馆酒店以及旅游交通部门等。市场营销是个人和群体通过创造并同他人交换产品和价值以满足需求和欲望的一种社会和管理过程。体育旅游市场营销是发展体育旅游事业,获得经济效益的重要环节,研究体育旅游市场营销无疑会对我国体育旅游事业的发展有着特别重要的意义。

## 二、体育旅游营销的特点

1. 健身与旅游的相互结合　由于工业化的发展给城市带来严重的污染,城市化的迅速发展使许多人生活在与大自然相对隔离的都市里,生活环境的日趋恶化,经济的发展带来生活节奏的加快和压力的增强,激烈的生存竞争在带来物质文明的同时也让人感到身心疲惫。通过健身、娱乐、休闲等方式来调节身心已成为人们的普遍共识。

体育活动具有娱乐性、健身性、聚集性、挑战性和多样性等特点,这是体育活动的魅力所在。体育本身就具有巨大的市场,它与人文景观和自然景观相结合,构成了一种特殊的旅游方式。

体育旅游活动不仅能满足愉悦身心的需要,而且还有促进参与者身心健康、缓解和消除身心疲劳、增强体质,以及防范"文明病"等功能,体育与旅游相互渗透、交相辉映、相得益彰。所以体育旅游营销将区别于其他各种旅游市场营销,将体育健身融入其中并成为其主要营销点,让人们在旅游的同时享受体育带来的快乐和健康。

2. 体育赛事是重要的载体　体育赛事在现阶段已经发展成为一种提供竞赛产品和相关服务产品的特殊事件,能够迎合不同参与体分享经历的需求,达到多种目的与目标,对举办地的社会和文化、自然和环境、政治和经济、旅游等多个领域发生冲击影响。正是由于体育赛事的这种特性使其成为体育旅游营销的一个重要载体,它可以在短时间内聚集大量游客,尤其是综合性运动会的举办时间期限相对集中,体育旅游的客流量十分集中。

但是不同的比赛级别对观赏型体育旅游者的吸引程度不同,这是体育旅游区别于传统旅游的重要规律。奥运会的吸引力最大,它赢得体育旅游市场也最大,推动了观赏型体育旅游市场发展。体育赛事吸引表现在"体育搭台,旅游唱戏,经济收益"的相互作用。

3. 可重复性与一次性的统一　传统的观光旅游产品是满足观赏自然风光、城市风光和名胜古迹等需求,这种旅游方式不具备重复性,而参加体育旅游的消费者更加注重的是体会体育旅游过程,在重复的过程中不断追求新的目标,体验到更大的乐趣。

但与此同时,体育赛事是一种一次性的特殊事件,其比赛环境、参赛选手和成绩结果都具有不可复制性。所以,由体育赛事产生的体育旅游人群享受到的是一次性的体育旅游。这种可重复性和一次性的统一是我们在体育旅游营销中十分需要注意的。

4. 时空上的差异产生影响　首先,体育旅游大部分是离开旅游者常住环境开展的。因此,体育旅游的空间差异十分明显。出游流量在距离上具有不同的分布概率,成衰减状态,一般来讲,距离越近,分布的概率越大;距离越远,流量分布的可能性越小。其次体育旅游市场的季节规律是冬季和夏季,体育旅游市场将会影响旅游淡旺季供求平衡,影响旅游设施年平均利用率,从而影响旅游业的经济效益。对体育旅游市场的季节性规律的认识和掌握,对于加强体育旅游管理、提高体育旅游设施利用率、增强体育旅游企业效率、强化体育旅游资源开发和规划等,具有重要的理论和实践意义。

### 三、我国体育旅游营销的现状与发展趋势

与国外相比较,我国体育旅游营销起步较晚。1994年,我国才开办体育旅游。2000年9月11～27日,中国旅行社组织1 114名中国旅游者分批赴悉尼亲身感受奥运的魅力。这是我国第一次大规模民间组织的奥运观摩活动,也是国内旅游行业第一次大张旗鼓提出"体育旅游"的概念。

目前,体育旅游在我国旅游业中所占份额较小,只有5%左右。但是,我国体育旅游发展迅速,从1994年开办以来一直以30%～40%的速度上升,国内体育旅游群体不断增加。业内人士普遍认为体育旅游发展潜力巨大。从20世纪90年代中期开始,尤其是近5年来,我国各地因地制宜开发了多种体育旅游产品,体育旅游已经形成了一定的市场和规模。较著名的有青藏高原登山、黄河漂流、东北滑雪、湖北宜昌赛龙舟和山东潍坊风筝节等,极大地促进了国民经济的增长,陶冶了人们的情操。

随着我国国民生活水平的不断提高,人们生活方式、消费结构的改变,每周五天工作制的实施,尤其是国家《全民健身计划》的颁布与推行及2008年奥运会申办与成功为体育旅游的兴起提供契机,国家及各省旅游纷纷打出体育牌。据有关资料报道:"1997年我国旅游创汇110亿美元,其中体育旅游、娱乐旅游创汇所占比例大约为1/3",这说明,体育旅游在我国发展迅速,它必将在我国的旅游业、体育产业中占据越来越大的份额。体育旅游业的迅猛发展促使体育旅游营销也随之逐渐发展了起来。

**相关链接**

据世界旅游组织预测,到2020年,中国将成为世界上第1位旅游接待大国和第4位客源输出国。而体育旅游作为当前旅游产品中的一个重要分支和未来旅游产品建设中的一个主要方向,今后会得到中国各级部门的进一步重视。在这样的发展过程中,体育旅游营销也会随着市场的需求逐渐发展和完善。

## 第二节 体育旅游营销产品及方法

### 一、体育旅游产品

#### (一)体育旅游产品的概念

本文从体育旅游开发角度定义体育旅游产品是指凭借各种体育旅游资源和设施条件、能够为旅游者带来体育效用、旅游效用和满足其体育旅游需求的全部要素的总和。体育旅游产品与一般旅游产品本质上是一致的,都具有观赏价值和使用价值,能够在一定程度上满足旅游者的消费需求。但体育旅游产品又是一种独特的产品,只有同时满足体育与旅游两个前提条件的旅游产品,才能称之为体育旅游产品。

#### (二)体育旅游产品的类型

体育旅游产品从性质角度,可将其划分为赛事型、休闲型、节庆型、民俗型和刺激型体育旅游

产品等类型。

1. **赛事型体育旅游产品** 体育观赏型产品也称为活化体育旅游产品,是指组织各项体育赛事的观众前往比赛举办地进行观摩并参加各种节庆活动的旅游产品。研究发现,该产品是观赛者相互认同的一种体育亚文化精神,基于对特定的运动项目的共同兴趣,而不是比赛场地本身。

**相关链接**

2008年北京奥运会不仅是一届历史上最具影响的体育盛会,同时,也为北京旅游产业调整旅游结构、促使北京旅游产业升级转型提供了历史机遇,形成奥运旅游经济。据统计,奥运会期间,近5 000名奥林匹克大家庭成员、7 000名赞助商及其客人参加了北京奥运会,21 600名左右注册记者采访和报道奥运赛事,同时数百万的海内外散客游客聚首北京。根据历届奥运会经验,这些人员在参与和观看北京奥运会的同时,也顺访北京周边的旅游景点和全国其他著名的旅游胜地,从而带来旅游收入的增长。2009年北京共接待旅游总人数1.6亿人次,同比增14.5%,鸟巢、水立方等设施成为北京最富吸引力的旅游景点。此外,由于青岛、天津、沈阳、香港和上海也是奥运会项目的比赛城市,奥运游还对全国其他地区形成强力的辐射。据北京奥运经济研究会预测,后奥运会时期的中国旅游业受益至少持续10年。

2. **休闲型体育旅游产品** 是指在体育旅游中能使旅游者既参加体育健身活动,又能休闲娱乐的体育旅游产品。体育旅游者通过消费体育旅游产品,能够亲身体验和感受体育旅游活动的经历,满足其体育旅游的心理需求。

**相关链接**

太行山在河北境内绵延4千米,地质构造独特,河北省5个国家地质公园中的4个坐落于太行山脉,其地理、地貌条件是开发体育旅游产品的天然资源。依托太行山复杂多样的山地资源可开展的体育旅游项目有野外穿越、定向越野、户外探险、攀岩运动、登山活动和丛林健身游;依托水库资源可以开展水上运动(如划艇、摩托艇和动力滑水等)、垂钓和游泳;依托山地和平原过渡地带可开展滑翔伞、动力伞、热气球和自行车越野等活动。在创新思维下,这些体育旅游资源的开发成为太行山旅游产业新的经济增长点。事实表明,太行山旅游中的休闲度假旅游、康体旅游等精品线路的推出不但满足了人们的消费需求,同时也加快了太行山旅游的多元化产品组合。

3. **节庆型体育旅游产品** 是指在体育旅游项目中包含特定节庆因素的体育旅游产品。节庆因素包括体育节、地方特色的体育盛会、大众体育比赛等具有体育旅游特色的活动或非日常发生的体育旅游特殊事件等。

**相关链接**

潍坊国际风筝会是我国最早冠以"国际",并有众多海外人士参与的大型地方节会。其创立的"风筝牵线、文体搭台、经贸唱戏"的模式,被全国各地广为借鉴。国际风筝会的举办,让世界了解了潍坊,也使潍坊更快地走向了世界,极大地促进了潍坊经济和旅游业的发展。

从第16届开始风筝会期间还同时举办了鲁台贸洽会、寿光菜博会、潍坊工业产品展销会、昌乐珠宝展销订货会、临朐奇石展销会等经贸活动。据不完全统计,风筝会期间,前来潍坊进行体育比赛、文艺演出、经贸洽谈、观光旅游、对外交流、理论研讨、新闻报道、文化交流等活动的国内外宾客近60万人。

4. **刺激型体育旅游产品** 是指通过体育旅游冒险经历,使旅游者体验惊心动魄的场面,感受激烈、紧张、惊险和晕眩等独特信息,从而使体育旅游者获得体育旅游消费过程的一种产品形式。

**相关链接**

2008年10月,贵州省体育局通过多姿多彩的山地户外资源和独特的黔西南民族文化风情,把健身与休闲、运动与旅游紧密结合起来,成功举办了首届全国山地运动会,打造我国山地户外运动品牌。凭借举办本次运动会为契机,黔西南州进一步提升对外知名度,树立对外开放的良好形象,吸引广大海内外朋友前来投资兴业,为推动实现全州经济社会发展新突破、新跨越、新发展,为贵州经济社会发展的历史性跨越做出应有的贡献。在全国山地运动会比赛期间,黔西南州委、州政府在兴义市召开了一次别开生面的旅游推介会,回顾了黔西南州几千年的历史,展示黔西南秀美的风光、浓郁的民族风情、厚重的历史文化,借助运动会的平台,黔西南州在旅游宣传上做足了文章。

5. **民俗型体育旅游产品** 是指具有浓厚的民族特色的体育旅游产品。民俗传统体育旅游产品和一般的体育旅游产品相比,呈现出民族性、历史性、地域性、文化性融于一体的特点。它反映一种独特的体育文化,是长期历史文化发展的结晶,与当地的风俗人情、生活习惯和宗教信仰等密切相关。

**相关链接**

云南迪庆藏族自治州过去靠砍伐森林为主要的经济来源,后来由于长江上游金沙江流域的生态保护要求,迪庆州委、州政府在保护生态、退耕还林(非经济林)的过程中,大力发展以自然风光和民族文化资源相整合发展的旅游产业,使神秘的高原雪域风情与风姿多彩的藏族文化中的宗教文化(松赞林寺等)、体育文化(骑马、赛马、摔跤、射箭、登山)、舞蹈文化(跳锅庄、热巴舞、旋子舞等)完美有机地整合开发,再加上香格里拉世界著名品牌的创立,使迪庆州的社会、经济、自然都得到全面协调可持续发展。

## 二、体育旅游营销方法

### (一)绿色营销

随着环境污染、资源匮乏、荒漠化、气候异常等环境恶化现象的严重,"绿色生产"、"绿色产品"、"绿色消费"等新名词层出不穷。人类渴望拥有蓝天、白云、碧水的良好生活环境,倾向于消费健康无害的天然绿色食品,使用对环境污染低的绿色产品。由此掀起了加强环境保护和开发绿色产品的绿色革命,并使在实践领域产生的绿色营销理论得到迅速发展。

随之而生的"绿色营销"就是指企业以环境保护为经营指导思想,以绿色文化为价值观念,以消费者的绿色消费为中心和出发点的营销观念、营销方式和营销策略。它要求企业在经营中贯彻自身利益、消费者利益和环境利益相结合的原则。绿色营销的过程包括绿色生产过程、绿色流通过程和绿色消费过程。

体育旅游与绿色营销之间存在着一种天然的契合。在体育旅游事业中开展绿色营销,不仅有利于体育旅游的发展,同时对区域环境的保护、人们环保意识的提高也都能起到推动作用。

**相关链接**

我国西部地域辽阔,地形独特,被称为地球上自然结构最壮观、最奇特的地区。其自然、人文旅游资源丰富,品位高。据统计,西部民族传统体育文化项目共有700多项,无论是与少数民族生活密切的射弩、轮子秋、叼羊、姑娘追和骑毛驴等体育项目,还是蒙古族的那达慕大会、苗族龙舟节、侗族的赶歌节等民族节庆体育活动,由于其独特性和稀有性而对游客产生强大的吸引力。因此,西部丰富的地形资源和民族文化构造出极具魅力的体育旅游资源,无论是雅鲁藏布大峡谷、三江并流、青海湖、雪域天山、高原牧场等自然地理构造,还是骑马、射弩、摔跤、民族武术等民族风情,无不是优质体育旅游资源。由于民族、地域等原因,西部体育旅游资源最具原始性、淳朴性、民俗性等特点,完全开展绿色营销战略是其自身的内在要求和优势特征。于是西部的体育旅游大部分采取了绿色营销方式建立了自身的差异化战略。

所谓差异化战略,是指为使企业产品与对手产品有明显差别,形成与众不同的特点而采取的战略。实现差异化战略的途径很多,如产品设计、品牌形象、技术特点、用户服务等。在西部体育旅游产业的营销战略中采用绿色营销战略,正是为了在充分利用西部丰富高品质的生态环境资源前提下,充分发挥体育运动在自然体验和参与中追求健康的优势,在体育运动与休闲旅游产品开发、服务的提供中注重环境的保护,重视游客的自然体验和健康的追求,在品牌形象和市场推广中体现绿色主题,从而获得游客的偏爱和忠诚,在旅游领域形成市场优势。

### (二) 体验营销

体验营销,简单地说,就是以体验作为营销客体的市场营销。企业以满足消费者的体验需求为目标,以服务产品为舞台,以有形产品为载体,生产经营高质量的产品的一切活动,就构成了体验营销体验。因为体育旅游的核心概念之一就是"体验"——体育旅游者通过借助各种体育手段对旅游目的地的事物和事件的直接观察或参与而形成的感受。体验式体育旅游是适应当前旅游市场发展需求的产物,它是以一定的旅游资源和旅游体育设施为基础,以旅游商品的形式,为旅游者在旅行活动中提供健身、娱乐、休闲、交际等各种服务,使旅游者从参与观看这些活动中获得更多舒畅而独特的体验。体验营销应重点放在以下3个环节。

1. 新颖独特的差异化产品设计 在拉脱维亚的港口城市利巴雅,有一座100多年前沙皇俄国建造的监狱。如今,该国将这座在苏联解体后被关闭的监狱作为一个旅游景点。人们可以在这种另类旅游项目中体验到囚犯的生活。用红砖建成的监狱是一座两层建筑,位于高墙内。打开铁门进入其中,可以看到,在黑暗的单人牢房的墙壁上刻有"我想回家"等犯人的笔迹。据导游讲,监狱曾经用来关押苏联军队的政治犯和扰乱军队内部纪律者。在苏联军队撤退后,自1997年关闭,这里就成了一片废墟。但是,当地的历史学家和年轻人建议,虽然这代表一段黑暗的历史，但也不应拆除，而要保存起来并充分发挥其作用。因此，政府开始推出了这种另类旅游项目。这个项目一经推出，不仅吸引了国内各界名人，而且还吸引了欧洲人前来参观，目前参观者人数已经超过8 000人。在上述旅游项目中，除在导游带领下进行参观外，游人还可以穿上囚服拍照，在黑暗的牢房中体验政治犯的生活。为防止儿童身心受到打击，禁止12岁以下儿童参加这种体验活动。

体验营销的体育旅游产品设计应以"体验"为轴心，在大量市场调研的基础上把握游客消费心理和情感，在把握消费者消费心理基础上针对各类游客群体推出"情感"旅游线路，最大可能地满足游客情感体验的需要。

2. 广告情感宣传　在一个普通甚至有些破旧的小区的城市巷道里，一个叫荷赛的小男孩对着墙壁正耐心地练习射门，旁边他的同龄伙伴站起来挑战说，我们来比赛吧。一场现实与梦想打通的神奇演出就此拉开。荷赛和他的伙伴开始组建自己心目中的完美球队，随着他们念出一个个自己最喜爱的球星的名字，这些球星奇迹般的一个个出现，西赛、卡卡、贝克汉姆、齐达内，甚至足球皇帝贝肯鲍尔、普拉蒂尼都站在了荷赛和他小伙伴的队伍里。随着荷赛的一声令下，两个明星团队开始了魔幻般的竞技，荷赛在场上快乐地跑动、指挥。突然，楼上一扇窗户里荷赛的妈妈喝："荷赛，回家！"一场足球的超现实演出就此结束，而生活的快乐、足球的快乐还将继续。这就是"阿迪达斯＋10之世界杯篇"广告宣传。"一场足球的超现实演出就此结束，而生活的快乐、足球的快乐还将继续"这一感人肺腑，富有哲理的语言打动了千万人的心！

体验式体育旅游营销广告一定要在其中注入"情感"的内涵，"人非草木，孰能无情"。在消费者了解了旅游产品的大致情形后，消费者对企业、对产品的广告的感情就会成为旅游者选择哪一种旅游产品的主要因素。所以体验式体育旅游产品应借助感化的艺术理念，以有效的手段表达此旅游产品的情感化特性，使其迅速切入消费者心田，取得消费者欢心，从而售出产品获得成功。

3. 体验式体育旅游情感化服务　是指在旅游产品营销过程中，营销人员运用情感因素营销产品的过程。旅游产品特别是旅行社产品从游客的接待直至送走游客都与游客密切接触，这就要求每一个工作人员有情感化服务的意识，在每一个工作环节中注入丰富的情感。只是机械地履行工作守则中的规定，充其量不过是使客人不至于扫兴而归，所能得到的也不过是客人无可无不可的评价或印象。只有用心地领悟客人的心境，并真实自然地体现自己内心感受的服务才能真正赢得客人的满意乃至感动。

**（三）网络营销**

广义地说，网络营销是指借助网络、计算机通信和数学交互式媒体为主要手段，以整合营销、直复营销、软营销理念论为指导思想，为达到一定营销目标而进行的营销活动。众所周知，网络是一种崭新的媒体，也是一个全新的经营空间。它不仅是传统营销空间的延伸，而且正日渐成为旅游营销的主战场。作为一种新兴的旅游形态，体育旅游同样不能够忽视这一广阔的市场发展空间。通过网络营销推动体育旅游的发展面临着绝好的时机和有利的条件，可以说体育旅游与网络营销的联姻比一些常规的旅游项目更加具有得天独厚的优势。

# 本　章　小　结

体育旅游是以旅游和体育为双重目的，以欣赏、观看或者参与体育活动为部分内容的旅行游览活动。体育旅游市场营销是通过分析、计划、执行、反馈和控制这样一个过程，以体育旅游消费需求为导向，协调各种体育旅游经济活动，从而实现提供有效产品和服务，使游客满意，使企业获利的经济和社会目标。体育旅游市场营销的主体很广,包括所有旅游企业及宏观管理的旅游局。体育旅游营销是健身与旅游的相互结合,其主要载体为体育赛事,具备可重复性与一次性相统一的特点,同时容易受到时空上的差异影响。

体育旅游产品是指凭借各种体育旅游资源和设施条件、能够为旅游者带来体育效用、旅游效用和满足其体育旅游需求的全部要素的总和。体育旅游产品与一般旅游产品在本质上是一致的,都具有观赏价值和使用价值,能够在一定程度上满足旅游者的消费需求。但体育旅游产品又是一种独特的产品,只有同时满足体育与旅游两个前提条件的旅游产品,才能称之为体育旅游产品。

体育旅游产品从性质角度,可将其划分为赛事型、休闲型、节庆型、民俗型和刺激型体育旅游产品等类型。其营销的方法包括:绿色营销、体验营销和网络营销等。

## 思考题

1. 什么是体育旅游营销?
2. 体育旅游营销的特点是什么?
3. 如何进行体育旅游营销?

# 第九章 体育场(馆)营销

**本章要点**

- 体育场(馆)营销的含义
- 体育场(馆)营销的特征
- 体育场(馆)营销的产品
- 体育场(馆)营销的方法

### 案例导读

**"水立方"2011年净亏千万元**

国家游泳中心(俗称"水立方")有限责任公司副总经理杨奇勇在全国体育局长会议上透露,2011年"水立方"的场馆自营业务成本费用税金总计9 929.9万元,自营收入8 800万元,需要通过政府相关产业资金支持才能达到收支平衡。

杨奇勇介绍,2011年"水立方"共成功举办了68项151场次的体育赛事、大型文艺演出、企业活动等一系列大型活动,接待近14万人次。

"尽管'水立方'创造性地采取了市场化的运营模式,并取得了一定成效,但场馆的赛后运营总体上还处于模式探索期和市场培育期。2011年,国家游泳中心包括能耗、场馆维保费用、二期资产折旧、销售费用、管理费用、财务费用在内的场馆自营业务成本费用税金总计高达9 929.9万元。因为场馆能耗较高、维保单位多,劳动力成本高,两项计5 756.32万元,占比58%;而2011年度场馆自营收入8 800万元,须通过政府相关产业资金支持,才能达到收支平衡。同时,奥运旅游参观热度继续下降,大型场馆的维保费用,劳动力成本普遍上涨,稳定、有规模的市场和收入来源尚未形成,给'水立方'的赛后运营带来空前压力。"据杨奇勇介绍,2011年,"水立方"接待旅游参观、游泳、嬉水游客总数预计达208万人次。与2010年二期改造完成后的同期统计数据相比,本年度旅游参观游客总人数同比下降了30%左右。

## 第一节 体育场(馆)营销概述

体育场(馆)兴起于公元800年前的古希腊,如今已成为许多城市的重要组成部分,甚至是城市的地标性建筑。体育场(馆)[特别是大型体育场(馆)]一般都是为举办赛事而兴建的。兴建一个体育场(馆)的投资少则几千万,多则几个亿,十几个亿,甚至几十个亿。这么巨额的投资如何回收?体育场(馆)的日常维护保养费用、运营成本和自身运营收入能否持平或盈利?这已经成为一个世界级的难题。

一些专家、学者把体育场(馆)运营管理的难题归结为二元论,即"是或否"、"YES or NO"、"TO BE or NOT TO BE"。这个二元结构的矛盾要素包括:高峰与低谷、开放性与封闭性、大众化与 VIP、公益性与经营性和体育经营与商业开发等方面。

体育场(馆)营销是体育营销的重要组成部分。随着社会生产力的发展、人民生活水平的提高、闲暇时间的增长、体育意识的增强以及全民健身活动的推广,体育场(馆)已经成为提供体育健身休闲服务产品与竞赛表演服务产品的主要阵地。学习研究体育场(馆)营销,一方面可以不断满足社会对健身休闲与竞赛表演体育服务产品的消费需求,另一方面也可以促进并推动我国体育场(馆)服务业的加速发展。

## 一、体育场(馆)的含义与分类

### (一) 体育场(馆)的含义

体育场(馆)是指提供各类体育赛事、运动训练、大众健身休闲体育活动的空间及其附属设施所构成区域的总称。它主要包括各种类型的体育场、体育馆、游泳馆(池)及体育中心等。

1. 体育场　是指有 400 米跑道(中心含足球场),有固定道牙,跑道 6 条以上,并有固定看台的室外田径场地。体育场按看台容纳观众人数分为:甲级 25 000 人以上,乙级 15 000~25 000 人,丙级 5 000~15 000 人,丁级 5 000 人以下。

2. 体育馆　是指室内进行体育比赛和体育锻炼的建筑。体育馆按使用性质可分为比赛馆和练习馆两类;按体育项目可分为篮球馆、冰球馆和田径馆等;按规模可分为大、中、小型,一般按观众席位多少划分,我国现把观众席超过 8 000 个座位的称为大型体育馆,少于 3 000 个的称为小型体育馆,介于两者之间的称为中型体育馆。

3. 游泳馆　主要是指用于进行游泳、跳水、水球等水上运动的体育建筑。游泳馆(池)按功能可分为 4 种:①比赛馆:作为游泳、水球、跳水等项目竞赛和表演之用,设有看台,平时作为训练之用。②训练馆:专供运动员训练用,有游泳和跳水设备,只设少量观摩席,不设看台。③室内公共游泳池:供公众锻炼、游乐、休息、医疗用,布置比较灵活。游泳馆可单独建造,也可与其他体育设施共同组成综合体育中心,或附建于学校、旅馆、公园等处。④家庭游泳池:面积不应小于 25 平方米。

4. 体育中心　一般拥有体育场、体育馆、游泳馆(池)三大件。根据占地面积大小分为小型体育中心(占地面积在 20 公顷以下),中型体育中心(占地面积在 20~60 公顷),大型体育中心(占地面积在 60~200 公顷),特大型体育中心(占地面积在 200 公顷以上)。

**相关链接**

南京五台山体育中心占地 13 公顷,拥有一个体育场、一个体育馆、一个游泳跳水池和一个旱冰场等体育场地设施,属于小型体育中心。

上海徐家汇体育中心占地 48.9 公顷,拥有上海体育场、上海体育馆(上海大舞台)、上海游泳馆以及综合训练馆等体育场地设施,属于中型体育中心。

国家奥林匹克体育中心一期工程占地 66 公顷,拥有体育场、田径场、综合馆、游泳馆、曲棍球场、网球场、足球场和人工湖等体育场地设施,属于大型体育中心。

北京奥林匹克公园占地 1 215 公顷,容纳了 44%的奥运会比赛场馆和绝大多数设施,主要有:国家体育场(鸟巢)、国家游泳中心(水立方)、国家体育馆、国家会议中心、奥体中心体育场、英东游泳馆、国家网球中心和奥运村等体育场地设施,属于大型体育中心。

伊朗德黑兰阿里亚梅尔体育中心占地 500 公顷,拥有主体育场(10 万个座位)、体育馆(1.075 万个座位)、排球馆(0.45 万个座位)、篮球馆(0.5 万个座位)、击剑馆(0.2 万个座位)、乒乓球馆(0.3 万个座位)、举重馆(0.5 万个座位)、游泳馆(0.4 万个座位)、自行车赛车场(0.27 万个座位)、射击场(0.04 万个座位),以及 6 个篮球场、15 个排球场、10 个网球场、2 个曲棍球场、新闻中心、直升飞机场、人工湖等体育场地设施,是世界上最大的体育中心。

### (二)体育场(馆)的分类

体育场(馆)种类较多,功能不一,按不同的划分标准可以有不同的分类。

1. **按体育场(馆)的用途** 可以分为:只适用于一类或一个项目的专用性体育场(馆),如游泳馆只适用于游泳、跳水、水球、花样游泳等水上项目的训练、比赛、健身活动的需要;能适用于多个不同类型运动项目的综合性体育场(馆)。

2. **按体育场(馆)的使用性质** 可以分为:严格按照国际奥委会和世界各单项协会制定的竞赛规则对场地、设施的要求建设、拥有看台和必要辅助设施的体育比赛场(馆);按照运动训练或体育教学需要而建设的体育教学训练场(馆);用于满足大众健身娱乐需要而修建的体育健身娱乐场(馆)。

3. **按运动项目** 可以分为:田径场、足球场、自行车场、高尔夫球场、篮球馆、排球馆、冰球馆、保龄球馆和网球馆等。

4. **按管理形式** 可以分为:由国家投资或筹集社会资金兴建的、属国家各级体育行政部门管理的、用于开展社会体育活动、满足广大群众进行体育锻炼或观赏体育比赛及运动员训练、竞赛需求的公共体育场(馆);由学校、企业等法人投资建设的单位体育场(馆);由个人投资建设的私人体育场(馆)。

**相关链接**

截至 2003 年 12 月 31 日,我国各系统、各行业、各种所有制形式(不含港澳台地区)共有符合第五次全国体育场地普查要求的各类体育场地 850 080 个。其中标准体育场地 547 178 个,非标准体育场地 302 902 个,占地面积为 22.5 亿平方米,建筑面积为 7 527.2 万平方米,场地面积为 13.3 亿平方米。以 2003 年年底全国总人口 129 227 万人(不含港澳台地区)计算,平均每万人拥有体育场地 6.58 个,人均体育场地面积为 1.03 平方米。

在普查的 64 种标准体育场地中,体育场、体育馆、游泳馆、跳水馆等大型体育场(馆)共 5 680 个,占标准体育场地总数的 1.0%,占全国体育场地总数的 0.69%;室内游泳池、综合房(馆)和篮球房(馆)等室内体育场地共 55 678 个,占标准体育场地总数的 10.2%,占全国体育场地总数的 6.5%;室外游泳池、室外网球场和足球场等室外体育场地共 485 818 个,占标准体育场地总数的 88.8%,占全国体育场地总数的 57.1%。在室外体育场地中篮球场、小运动场和排球场共 436 278 个,占标准体育场地总数的 79.7%。

## 二、体育场(馆)营销的含义与特征

### (一)体育场(馆)营销的含义

所谓体育场(馆)营销,就是指体育场(馆)根据市场的需求来组织体育场(馆)服务产品的生产,并通过一定的销售手段把这些服务产品提供给需要的客户的活动。体育场(馆)营销是以市场为导向、以满足体育消费者需求,实现潜在交换为目的的分析市场、进入市场和占领市场的一系列战略与策略活动的总和。

根据体育场(馆)拥有的资源状况和市场状况,体育场(馆)营销的产品可以是运动竞赛、体育表演、体育健身休闲娱乐、运动器材等体育类产品,也可以是宾馆、酒店、餐饮、节事活动、物业租赁等非体育类产品。

### (二)体育场(馆)营销的发展概况

我国体育场(馆)服务业的从业机构在新中国成立后的相当长时期内是隶属于各级体育行政部门管理的一个全额拨款的事业单位,由国家和财政统包、统、养,实行的是统收统支的管理体制。任务由国家和政府按照计划下达,没有经营压力,也不存在营销问题。在改革开放以后,特别是1984年以后,体育场(馆)服务业的从业机构开始尝试改革,采取承办经营、租赁经营,全额拨款的事业单位也逐步向差额拨款、自收自支方向转变,甚至部分从业机构改制成为企业。部分从业机构虽未转制为企业,也按照事业单位企业化运作。因此,经过30多年的改革与发展,我国体育场(馆)服务业已经逐步实现了管理体制的根本性转轨,这也就意味着承认并确认了体育场(馆)服务业是体育产业的一个重要组成部分。在市场经济条件下体育场(馆)应该是一个独立的或相对独立的经济实体或经营实体。各体育场(馆)原则上都应该参与社会主义体育市场的营销活动与竞争,在竞争中增强自我生存、自我发展的能力,从而使体育场(馆)的营销活动成为一个理论上和实践上必须着重研究的课题。

目前我国体育场(馆)的运营模式有自主经营、委托经营(含部分委托、全权委托、委托管理等)、合作合资经营、承包租赁经营等。近年来,我国体育场(馆)服务业乘北京奥运的东风,得到了快速的发展,出现了北京工体、上海东亚等部分年经营收入突破亿元大关的体育场(馆)业从业机构。在体育场(馆)业快速发展的同时,我国场馆运营中也存在多数体育场(馆)规划设计未能考虑赛后运营需要,体育场(馆)资源闲置较为严重、管理体制改革滞后、冗员过多、包袱过重、经营开发积极性不高、市场营销手段落后、重视经济效益、忽视社会效益、税费种类繁多和征收标准合法不合理等诸多问题。特别是为北京奥运会、山东第十一届运动会、广州亚运会和深圳大学生运动会等大型赛事举办而兴建的体育场(馆)赛后出现的运营困难,进一步凸显了我国体育场(馆)服务业发展中面临的诸多挑战和问题,这也彰示着我国体育场(馆)服务业未来巨大的市场和广阔的发展潜力。

### 相关链接

我国体育场(馆)的管理体制的改革大体上经历了以下3个阶段。

1. **第1个阶段(1949～1978年)** 实行高度集中统一的计划管理体制,下属单位缺乏自主权。在此时期,我国实行高度集中的计划经济体制,国家对公共体育场(馆)实行统收、统支、统管的供给服务型的财政经济政策,公共体育场(馆)是国家财政全额预算拨款单位。在管理体制上,公共体育场(馆)是各级体育行政部门所属的事业单位,实行集中统一的行政领导和事业管理。在运行机制上,公共体育场(馆)主要采用封闭式的管理方法,仅承担上级机关分配的竞技体育训练、比赛任务,致使场馆使用率很低,如1979年全国3 000多个公共体育场(馆),年平均使用场次为60次。

2. **第2个阶段(1979～1991年)** 广开门路,开展多种经营,对公共体育场(馆)实行差额管理。党的十一届三中全会提出了以经济建设为中心以后,在实行有计划商品经济的情况下,国家对体育改革的重点放在国家包管得太多,资金投入不足的问题上,要求公共体育场(馆)在完成上级体委布置的体育比赛、训练和开展群众性体育活动等项任务的前提下,充分发挥场地设备的多功能效益,广开门路,开展多种经营活动以增加收入,促进体育事业发展。对公共体育场(馆)实行了差额预算管理。公共体育场(馆)的主管体委和财政部门,根据场地规模和数量,对公共体育场(馆)定任务、定人员编制、定业务指标、定经费补助,公共体育场(馆)内部实行增收节支的经济责任制和承包经营责任制。这种运行机制,调动了职工的积极性;使公共体育场(馆)开始利用体育经营活动"以副养体"、"以场养场"。1991年公共体育场(馆)经费收入年平均自给率达到65%,使公共体育场(馆)资金来源由事业型单一财政拨款向经营创收、补充经费不足方向转变打下了基础,使国家有限的体育事业经费能在体育内部调剂使用,用增收节支的方法缓解了竞技体育消费与供给不足的矛盾,促进了体育事业的发展。

3. 第3个阶段(1992年以来) 突破单纯创收增资的运行模式,开始走向"本体推进,全面发展"的综合性的体育产业开发阶段。随着社会主义市场经济体制改革目标的确定,计划经济向社会主义市场经济转变,过去体育运作方式所依附的国家拨款的经济运作方式,已不能满足体育事业发展的需求。国家体委1992年把体育经济工作作为深化改革的一项重要内容列入了议事日程;1993年提出的体育事业要面向市场,走向市场,以产业化为方向的改革指导思想,推动了公共体育场(馆)的改革工作,使经营创收活动向社会经济行为方向发展,并在体育产业化方面探索出了一些新途径。具体的做法是:开发大众体育健身娱乐业,如游泳、乒乓球、网球、羽毛球、排球、篮球、足球、器械健身、围棋、象棋等成了群众能在公共体育场(馆)进行强身健体活动的内容;公共体育场(馆)的建设、改造采取资本多元化的运作方式,集资、筹资、合资吸引国内外资金,进行经营性开发。新建的公共体育场(馆)均考虑了体育经营活动及项目的设置。这一切都标志着我国公共体育场(馆)已经突破了单纯创收增资的运行模式,开始走向"本体推进,全面发展"的综合性的体育产业开发阶段。

### (三) 体育场(馆)营销的特征

1. 公益性与经营性并举的营销原则 体育场(馆),特别是公共体育场(馆),所提供的体育服务是属于非排他性和非竞争性都不充分的准公共产品,具有很强的社会公益性质。但是在社会主义市场经济条件下,公共体育场(馆)按社会分工,主要是为群众体育活动和竞技体育活动提供服务的场所。公共体育场(馆)在提供服务的过程中必然消耗一定的物化劳动和活劳动,从而满足人们对体育活动的需要。因而公共体育场(馆)所提供的体育服务产品具有具体劳动与抽象劳动、使用价值与价值统一的商品属性。这种特殊商品从生产到交换是在公共体育场(馆)为人们提供体育服务的过程中实现的。因此,在社会主义市场经济条件下,体育走产业化发展道路,公共体育场(馆)管理体制的改革,就是要求公共体育场(馆)走向市场,逐步成为一个独立的或相对独立的经济实体,成为自主经营、自负盈亏的体育服务商品的生产者和经营者。因此,开展经营活动、提供体育服务商品是公共体育场(馆)走向市场、建立、健全和完善自身造血功能的唯一选择。所以公益性与经营性并举、经济效益与社会效益兼顾,是市场经济条件下体育场(馆)营销的基本原则。

2. 体育服务与非体育服务并存的营销内容 体育场(馆)的功能定位是为比赛、训练、全民健身、休闲娱乐服务。因此,体育场(馆)的经营活动应该是以体育业务为主。但是,体育场(馆)在运营服务中,仅仅为体育运动提供服务是不能充分发挥自己的服务能力的。因为运动竞赛和体育活动具有周期性和时间性,某些运动项目又带有季节性(如游泳),这样,体育场(馆)的资源就会出现某种闲置的状态。因此,在保证为体育运动服务即以体为主的前提下,体育场(馆)应当利用闲置的服务能力,积极开展多种经营,提供体育以外的其他非体育服务,做到以体为本,多种经营,这是体育场(馆)营销的基本理念和基本内容。

体育场(馆)开展多种经营时,必须以保证完成体育运动服务特别是运动竞赛、表演服务为前提。当多种经营在场地、设施、人员等方面与体育运动服务发生矛盾时,多种经营应当无条件服从和服务于体育运动服务的需要。必须遵守党和国家的有关政策和法令,贯彻执行体育工作的方针和任务,以社会效益为最高准则。反对片面追求经济收入,经营活动要高尚、文明、健康,有利于社会主义精神文明建设。

3. 以体育消费者为导向的营销理念　营销理念是体育场(馆)营销活动的核心和前提。体育场(馆)的营销理念,必须从满足顾客需求的传统营销理念,转变为既要满足体育消费者的当前需要,又要不断创造体育消费者需求的新的营销理念。由于体育场(馆)的服务对象主要是体育消费者,因此体育场(馆)应该树立以能够满足特定目标体育消费者群体的需求为导向,以社会营销、整合营销、情感营销和全员营销等为载体的现代营销理念。也就是说,体育场(馆)的产品组合策略,要以消费者的需要与欲求为导向。体育场(馆)的产品差别化策略,要以能够给消费者带来独特的利益和满足其主要的需求为导向。体育场(馆)的价格策略,要以满足消费者需要所付出的成本为导向。体育场(馆)的渠道策略要以提高消费者购买的便利性为导向。体育场(馆)的促销策略必须以与现实和潜在体育消费者沟通为导向,来吸引现实和潜在的体育消费者,通过满足体育消费者的需求和实现体育消费者的价值,提高体育消费者忠诚度,从而实现自身的经营目标。体育场(馆)只有真正树立起以体育消费者为导向的营销理念,切实维护体育消费者的利益,提高体育消费者的满意度,才能在体育市场竞争中立于不败之地。

4. 多元化的营销对象　在市场经济条件下,体育场(馆)提供的产品是多元的,既有体育产品,又有非体育产品;既有服务产品,又有实物产品。体育场(馆)的经营模式是多元的,既有体育场(馆)自己经营的服务项目,也有委托、承包、租赁给其他实体经营的项目。因此体育场(馆)的营销对象就具有个人服务与团体服务相结合的多元的特点。也就是说,体育场(馆)的服务对象既有零售的体育消费者,也有团购的单位集体消费者;既有面向体育消费者个体的服务项目,也有面向单位企业的服务项目。

## 第二节　体育场(馆)营销的产品与方法

### 一、体育场(馆)营销的产品

#### (一) 体育类产品

体育场(馆)的营销活动应该是以体育产品为主。体育场(馆)从自身拥有的资源和条件出发,可提供的体育产品主要有以下几种。

1. 体育竞赛类产品　如正规比赛、商业性比赛和群体比赛等。
2. 运动休闲类产品　如健身房、棋牌室、乒乓球、羽毛球、溜冰和游泳等。
3. 体育咨询类产品　如群体活动组织编排、辅导咨询和运动处方等。
4. 体育培训类产品　如各种运动项目的培训或私教服务,如高尔夫、网球、游泳、体育舞蹈、围棋、空手道等项目的培训或私教等。
5. 体育无形资产类产品　如体育场(馆)冠名和体育场(馆)室内外的体育广告等。

6. 体育旅游类产品 如体育场(馆)参观游览等。
7. 业余体育俱乐部 如各种运动项目的业余训练,如青少年业余游泳俱乐部和网球俱乐部等。
8. 各种运动实物产品的销售或租赁,如运动服装、鞋帽和器材等体育实物产品的销售或租赁。

**相关链接**

南京奥林匹克体育中心是第十届全国运动会的主体育场(馆)。该体育中心赛后就进入市场,提供全方位的体育服务产品。该体育中心先后开辟篮球、足球、网球、羽毛球、乒乓球、斯诺克、壁球、游泳、高尔夫和冰上运动等多项健身运动项目,全力打造全民健身品牌。收费项目上保持健身收费在全市的价格谷底,同时开辟一定规模的免费健身空间,多元化培育市场。先后投入巨资改扩建全民健身场地、设施,利用交通平台的闲置空间改建占地面积5千平方米的小球馆开展壁球、乒乓球、台球等小球类运动项目,定期举办企业、社区业余赛事,影响扩大至城市周边100余千米;在3万平方米的西部健身园新建健身路径、3片足球场、4片门球场、15片篮球场和10片乒乓球场,投入大量健身设施,实行免费或优惠收费开放,日接待健身群众数千人。

该体育中心还大力实施"阳光体育校园行"计划,开办了9所小学游泳、滑冰、羽毛球和乒乓球等4项体育课,2011年上半年接待培训学员达5万人次。利用我国江南地区首个建设的室内标准人工冰场常年开设冰上项目后备人才培训,先后专业培训5 000余人次。

凭借一流的场馆设施及年轻精干的管理团队,该体育中心坚持体育赛事的广度与深度并重、业余与专业统筹,有钻石杯洲际男子篮球赛等"精品赛事",有世界花样滑冰大奖赛等19项国际"单项赛事",有中超联赛、CBA常规赛、中国网球大奖赛等"传统赛事",也有网球俱乐部交流赛、乒乓球俱乐部会员ABC让分赛等自办"业余赛事",还有全民健身节、露天电影节等让农民子弟、留守儿童和福利院儿童等弱势人群分享体育快乐的"公益活动"。通过几年的积聚与打造,目前全年接办各类体育赛事及企事业单位运动会达100余场次。2011年11月,该体育中心还承办2011泛太平洋地区冰壶锦标赛,开启独立承办国际赛事的"破冰之旅",让冰壶运动第一次落户我国江南地区。

世界冠名价值前十名的体育场(馆)如表9-1所示。国内部分企业购买体育场馆冠名权情况如表9-2所示。

**表9-1 世界冠名价值前十名的体育场(馆)**

| 体育场(馆)名称 | 赞助金额(亿美元) | 年限(年) | 年金额(万美元) | 职业球队 |
| --- | --- | --- | --- | --- |
| Reliant Stadium | 3 | 30 | 1 000 | 休斯敦得克萨斯人队 |
| FedEx Field | 2.07 | 27 | 770 | 华盛顿红皮人队 |
| American Airlines Center | 1.95 | 30 | 650 | 达拉斯小牛队达拉斯星队 |
| Philips Arena | 1.819 | 20 | 910 | 亚特兰大鹰队亚特兰大鸫鸟队 |

续 表

| 体育场(馆)名称 | 赞助金额(亿美元) | 年限(年) | 年金额(万美元) | 职业球队 |
|---|---|---|---|---|
| University of Phoenix Stadium | 1.54 | 20 | 770 | 亚利桑那红衣主教队 |
| Bank of America Stadiue | 1.4 | 20 | 700 | 加利福尼亚黑豹队 |
| Lincoln Financial Field | 1.396 | 20 | 700 | 费城鹰队 |
| Lucas Oil Stadium | 1.215 | 20 | 610 | 印第安纳波利斯小马队 |
| Invesco Field at Mile High | 1.2 | 20 | 600 | 丹佛野马队 |
| Staples Center | 1.16 | 20 | 580 | 洛杉矶湖人队 洛杉矶快船队 洛杉矶国王队 |

表9-2 国内部分企业购买体育场(馆)冠名权情况

| 场馆名称 | 冠名企业 | 冠名年限(年) | 合同金额(万元) |
|---|---|---|---|
| 宁波市体育馆 | 雅戈尔集团 | 5 | 300 |
| 四川体育场(包括球队冠名) | 四川恒基伟业 | 5 | 1 600 |
| 青岛市体育馆 | 青岛双星集团 | 12 | 200 |
| 南京龙江体育馆 | 广东步步高 | 5 | 300 |
| 山东威海市体育场 | 山东成山轮胎股份有限公司 | 50 | 3 000 |
| 重庆奥林匹克中心游泳跳水馆 | 中瀚实业集团 | 3 | 300 |
| 郑州航海体育场 | 郑州清华园房地产开发有限公司 | 5 | 150 |

**(二) 非体育类产品**

体育场(馆)在为社会提供竞赛、表演等体育服务产品之外,还应积极开展多种经营,为社会提供非体育类产品。

体育场(馆)提供非体育类产品,有利于发挥自身的多种功能,提高场馆资源与服务的使用率。体育场(馆)提供体育以外的其他社会服务,也有利于满足人民群众不断增长的物质和文化生活的需要。因此,体育场(馆)要根据市场的需求积极组织非体育类产品的营销活动。体育场(馆)可开展提供的非体育类产品主要有:旅馆业住宿服务产品、饮食业餐饮服务产品、文化娱乐业演艺服务产品及房地产业物业出租等。这些非体育类产品一方面可以增加社会供给,丰富和活跃人民群众的物质文化生活,另一方面也能为体育场(馆)带来可观的营销收入。

体育场(馆)提供的非体育类产品一般包括:①围绕主营业务的配套服务产品,如小卖部、宾馆(招待所)、酒店、餐饮和沐浴等;②利用场地资源开发的衍生服务产品,如停车场、展销会、演唱会和节事活动等;③开发创新的其他服务产品,如露天游泳池冬天钓鱼、溜冰,体育场举办赛车和滑雪等。

体育场(馆)提供非体育类服务时,必须以保证完成体育服务特别是运动竞赛、体育表演服务为前提。当提供非体育类服务在场地、设施、人员等方面与体育服务发生矛盾时,提供非体育类服务应当无条件服从和服务于体育服务的需要。必须遵守党和国家的有关政策和法令,贯彻执行体育工作的方针和任务,以社会效益为最高准则。反对片面追求经济收入,营销活动要高尚、文明、健康,有利于社会主义精神文明建设。

## 二、体育场(馆)营销的方法

### (一) 零售

零售就是指自己做一个店面,商品一件一件地卖,直接面向终端消费者的销售方式。体育场(馆)营销中的零售就是指通过买卖形式将体育场(馆)的服务产品直接销售给体育消费个人的销售形式。一般运动竞赛体育表演的门票、体育健身场地的租赁等体育服务、运动用品、饮料和食品等实物产品的销售,一般采取零售的形式。体育场(馆)产品零售的对象一般为体育消费者个人,有时也可以是单位集体团购后发给员工个人消费。

### (二) 健身消费卡

消费卡是商家开发的、为消费者提供多次消费的储值型或者一次性的有价卡片,有IC卡式、磁条式等类型。体育场(馆)营销中的消费卡,是体育场(馆)运营服务中开发的面向体育消费者销售的有价卡片。一般分为:短期卡和长期卡2种类型。短期卡有次卡(以次为计算单位)、月卡(以月为计算单位)、季度卡(以季月为计算单位)、半年卡(以6个月为计算单位)。长期卡有1年卡、5年卡、10年卡等。体育场(馆)销售的消费卡有单项的健身消费卡,如游泳健身卡(只限于参加游泳健身)、瑜伽健身卡(只限于参加瑜伽健身)。也有任何项目均通用的储值健身卡。健身消费卡一般由体育消费者个人购买,也有单位集体团购后发给员工个人消费。

### (三) 会员制

会员制是现今较成熟的且较流行的营销形式,它是由某个组织发起并在该组织的管理运作下,吸引客户自愿加入的,目的是定期与会员联系,为他们提供具有较高感知价值的利益包。体育场(馆)营销中的会员制就是通过定向募集会员的方法来获得稳定的客源,甚至可以在体育场(馆)设施工程未完工之前,就预售会员卡来筹集资金。体育场(馆)的会员制一般分为封闭式会员制(会员人数是既定的,会员卡是可以转让的)和开放式会员制(会员人数一般不是固定的)两种形式及团体会员和个人会员两种类型。由于体育场(馆)主要为社会大众提供服务,因此体育场(馆)一般宜采用开放式会员制的营销方式。

### (四) 服务外包

服务外包是体育场(馆)进行市场化运营,提升服务专业化水平、增强自身核心竞争力的一种主要的营销方法。服务外包在国外体育场(馆)的营销中得到了广泛运用,全球知名的体育场(馆)运营商多为服务供应集成商,整合、管理体育场(馆)运营产业链上的票务、特许销售等方面的专业服务供应商,为其受托的体育场(馆)提供全方位的运营管理服务。从目前我国的情况来看,服务外包逐步普及,将体育场(馆)的清洁卫生、保安等服务性工作外包给专业机构运作的场馆越来越多,但体育场(馆)业务运作外包相对较少。

服务外包对于体育场(馆)营销的重要意义与作用主要表现在整合产业链、提升核心竞争力与服务专业化水平、引进服务理念与服务标准、缓解平赛矛盾、降低运营成本、提高对市场的回应性和风险控制等方面。

服务外包在国内体育场(馆)营销中的应用可分为内部管理服务外包和业务运作服务外包两种类型。前者主要包括日常管理和咨询服务等,后者主要包括票务销售、食品供应与销售、广告开发服务、附属设施开发与运作、市场开发、大型活动引进和服务接待等。

**相关链接**

**某体育中心自主经营与服务外包一览**

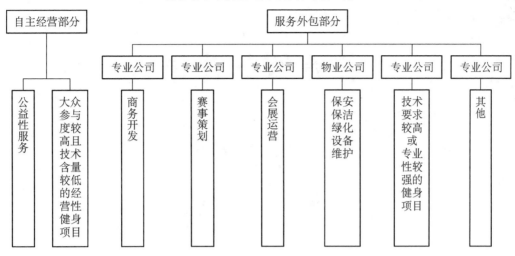

# 本 章 小 结

体育场(馆)是提供各类体育赛事、运动训练、大众健身休闲体育活动的空间及其附属设施所构成区域的总称。它主要包括各种类型的体育场、体育馆、游泳馆(池)以及体育中心等。

体育场(馆)营销,就是指体育场(馆)根据市场的需求来组织体育场(馆)服务产品的生产,并通过一定的销售手段把这些服务产品提供给需要的客户的活动。公益性与经营性并举、体育服务与非体育服务并存、以体育消费者为导向、多元化的营销对象等是体育场(馆)营销的主要特征。

体育场(馆)的营销活动应该是以体育类产品为主。体育场(馆)从自身拥有的资源和条件出发,可提供的体育产品主要有:体育竞赛、运动休闲、体育咨询、体育培训、体育无形资产、体育旅游、业余体育训练以及运动服装、鞋帽、器材等体育实物产品。体育场(馆)可以提供的非体育产品主要有:小卖部、宾馆(招待所)、酒店、餐饮、沐浴、展销会、演唱会、节事活动等。零售、各类健身消费卡、开放式会员制、服务外包等是体育场(馆)营销的主要方法。

**思考题**

1. 体育场(馆)的营销有哪些基本特征?
2. 体育场(馆)可提供哪些产品?
3. 体育场(馆)的营销有哪些方法?
4. 如何开发体育场(馆)的产品?

# 第十章 体育媒体营销

**本章要点**

- 体育媒体的概念
- 体育媒体的分类
- 体育媒体营销的策略
- 体育媒体营销的方法

**案例导读**

在全球赞誉声中落下帷幕的 2008 年北京奥运会成为西方媒体关注的焦点,据《纽约时报》报道,NBC 电视网在北京奥运转播中至少获利 1 亿美元。NBC 对北京奥运会的媒体营销,开始于 2000 年悉尼奥运会,在长达 8 年时间中,NBC 操作日趋熟悉的营销、社会、体育与媒体理论,展开了一系列诸如变动北京奥运会开幕时间、实施体育明星计划(以美国游泳天才菲尔普斯为代表)、干扰游泳和体操决赛时间(移至北京时间上午举行)等媒体营销行动,为媒体帝国的全球扩张创造了辉煌业绩。

资料来源:黄璐.西方体育媒体研究专著述评.体育学刊,2010,1:110.

## 第一节 体育媒体界定

### 一、体育媒体的含义与分类

1. **体育媒体的定义** 所谓体育媒体(sport media),简言之,就是传播体育信息和文化的载体或平台,指以各种方式采集和传播体育信息、反映或影响舆论的各种新闻传播机构。

体育媒体与一般媒体在状态与活动上没有区别,不同的是关系的主客体是通过"体育传播"来实现。而关于体育传播发生的地点,国内外有两种倾向:一种认为体育传播必定发生在专门体育媒体内部,即体育媒体是指传播体育信息的专业新闻机构,如体育报纸、体育杂志、体育电视、体育网络等;另一种思路则认为,凡是在"体育语境"(sport context)下发生的传播与沟通(包括在体育领域发生的任何新闻传播)都是体育传播,即报道体育赛事的一般媒体在赛事举办期间也可以称其为体育媒体。笔者较倾向于第二种观点。体育媒体的观念应更多元化,凡是遵循一定的原则,采取一定的行动,促进体育组织与相关体育公众之间的双向了解、信任和合作,为体育传播做出重要贡献的新闻媒体在体育传播期间都可视为体育媒体。这里给出一个示范性很强的案例:作为中国百年奥林匹克历史上第一个互联网赞助商,搜狐成为 2008 年北京奥运会的互联网赞助商后,通过"看奥运,上搜狐"的宣传已展开一定的传播攻势并取得突出的效果——艾瑞市场咨询、CNNIC 中国互联网络信息中心、CTR 央视市场研究、万瑞数据、DCCI 互联网数据中心、易观国际研究机构、清华大学媒介调查实验室和 ChinaRank 等 8 家研究公司针对奥运期间的不同研究报告的数据都证明:看奥运,网民首选搜狐。可见,在北京奥运期间搜狐已成为看奥运的中国第一互联网媒体。

按照这样的思路,体育媒体可分广义和狭义两种,显然前者是狭义的体育媒体,后者则是广义的体育媒体。而在本章的讨论中,体育媒体在大多数情况下是指狭义的体育媒体,亦即进行体育传播的专门机构。

2. 体育媒体的分类　目前世界体育产业的年产值约为 4 500 亿美元,并以每年 20% 左右的速度递增。世界体育产业最发达的国家是美国,体育产业总产值在 20 世纪 90 年代后期已占到 GDP 的 2%。从内容上,体育产业可分为三大类:本体产业(体育竞赛、表演、培训等产业)、相关产业(体育用品、体育传媒、体育彩票等产业)和体办产业(体育系统自办的其他方面的企业,如房地产、商店、饭店等产业)。我国的体育产业虽然从 20 世纪 80 年代即初露端倪,但真正有所发展是在进入 90 年代后。现阶段国内媒体,包括电视、广告、报纸和杂志的创作及内容素质,由制作至管理阶层,发行至营销仍然落后于国际水平。但近年我国体育传媒行业已出现了一批收入过亿元的体育媒体。

从组织形态上看,体育媒体主要包括两类:一类是指从一般媒体中分离出来的专业化的从事体育传播的媒介机构;另一类是指存在于一般媒体中但从事专门化体育报道或体育传播的部门。

从媒介形态上看,体育媒体包括传统的体育报纸、体育杂志、体育广播、体育电视和新媒体中的体育网络等,主要由 5 个部分组成。首先是最具影响力的电视体育媒体,它以 CCTV - 5 为龙头,包括各地方台的体育频道及在我国落地的 ESPN 和星空体育(Star Sports)。其次是指重新崛起的广播体育媒体,主要由全国性和地方性广播网的体育广播构成。有影响力的主要是北京体育广播电台、上海体育广播电台、南京体育广播电台、青岛音乐体育广播电台、楚天交通体育广播电台等。第三是指具有广泛群众基础的体育报纸,包括全国性和地方性综合类报纸的体育版和专业性体育报纸两类,后者目前在我国成长较快,截至 2003 年我国拥有专业体育报 40 种,其中知名度、美誉度较高的有《中国体育报》、《体坛周报》、《南方体育》、《竞报》、《足球报》、《篮球报》、《东方体育日报》、《中国足球报》、《篮球先锋报》、《球报》等,但 2005 年、2009 年先后有一部分体育报纸无奈谢幕。第四是传统的体育杂志。目前我国有专业体育杂志 200 多种,专业期刊 62 种,主要是学术性期刊,有代表性的是《体育科学》、《中国体育科技》、《运动医学杂志》、《北京体育大学学报》和《上海体育学院学报》等。第五是被称为新媒体的体育网站,主要有各大门户网站的体育频道,如新浪体育、搜狐体育、雅虎体育等以及各级各类体育机构的官方网站,如国家体育总局官方网站、第 29 届奥林匹克运动会网站、中国足球协会官方网站、中国篮球协会官方网站等。在经历门户、搜索引擎崛起后,一种以人为本的社区营销日渐涌现。国内知名的体育网络社区有新传壹体育互动社区(forum.nubb.com)、球吧-24 小时体育直播社区(www.zhibo24.com)和虎扑 NBA 中文网(www.hoopchina.com)等。其中,以虎扑网的体育社区最有特色。

目前,最活跃的体育媒体可分为三大类:最具广泛群众基础的体育平面媒体、最具影响力的广电体育媒体和迅速崛起的网络体育媒体。

## 二、中国体育媒体的发展现状

1. 最具广泛群众基础的体育平面媒体　我国专业体育报纸发展的黄金时期是在 1996~2000 年,这段时间中国足球职业化刚刚起步,足球热潮席卷全国。正是足球职业联赛和足球热带动了体育专业媒体的成长。然而,随着中国足球问题的日渐暴露,从投资人到普通老百姓都逐渐对足球失去热情,中国足球场上观众越来越少,体育报纸和体育杂志转向更多样化的体育项目。目前,除了《体坛周报》、《足球报》两强外,活跃的体育报纸还有《中国体育报》、《东方体育日报》、《扬子体育报》、《竞报》、《体育晨报》、《篮球报》、《球迷》、《羊城体育》、《体育周报》和《足球周报》等。

国内专业体育杂志近年来也呈快速发展之势,不仅数量增长较快,而且种类、质量也有较大提高。一方面国外著名体育杂志纷纷进军中国市场,它们要么出中文版,如美国的《体育画报》出中文版;要么向国内体育媒体机构卖图片、数据资料和文字版权,如北京行健体育文化有限公司向美国NBA买授权出版《BNA时空》,《高尔夫》买美国《高尔夫》杂志的版权,《灌篮》买美国 *NBA Inside Stuff* 杂志的图片、数据资料和文字版权等。国外体育杂志在中国市场的抢滩行为和合作经营,既丰富了国内体育杂志的种类,也在一定程度上提高了体育期刊的质量。另一方面,随着中国体育社会化和产业化进程的不断加快,体育对社会生活的影响力也与日俱增,一些针对热点项目和特定人群的专业杂志也有了较快发展,如随着姚明登陆美国和NBA在中国影响力的日益强盛,以及街球、嘻哈服饰、Hip-Hop音乐的流行,仅篮球杂志,目前国内就有《篮球》、《NBA时空》、《灌篮》、《尚篮》、《篮球俱乐部》等多本刊物。另外,像《高尔夫》、《车王》、《中国钓鱼》、《尺码》这样的针对特定人群的体育杂志也呈现快速增长的态势。

2. 最具有影响力的广播电视体育媒体　1958年,我国开办的第一个体育专栏节目"体育爱好者"就以报道群众体育活动为主,栏目着重宣传介绍锻炼身体的科学知识和群众体育活动与健身方法,为广大观众进行体育锻炼和娱乐活动提供了有益的帮助。随着体育事业和电视传播事业的发展,电视媒体开设的体育栏目越来越多,报道内容却越来越集中在体育赛事上。

随着电视频道专业化的展开,中央电视台率先对频道进行专业化设置,各省(市)台也纷纷建立自己的体育频道。国外传媒也不甘示弱,默多克旗下的ESPN(体育娱乐电视网)等多家国外体育媒体也已进入中国市场。目前,中央电视台体育频道的独占鳌头与各省市电视台体育频道的百花齐放,以及民营电视的壮大与外资传媒的入侵构成了体育电视市场的一派繁荣和不均衡景象。

1995年1月1日,中央电视台体育频道开播。这一专业电视体育频道的出现给体育新闻报道带来了全新的变革。进入21世纪后,地方台纷纷开办了体育频道。截至2003年年底,全国共有42个体育频道。

经过了12年的实践历练,有的体育频道在不断拓展生存空间,已在同类媒体和观众心目中占据了重要的位置,如上海、广东、北京等电视台的体育频道等,而有的则改弦易辙,或不得不归入其他频道。尽管目前包括省市在内,地方台还有不到20个体育频道,并呈现一种力量分散、规模小、实力薄弱的状态,有的定位也不明确。

3. 崛起最迅速的网络体育媒体　网络带来了巨大的文化进步,人们在网络上享受着与传播者同样的人格和权利。由于可随时随地发布信息,可以共享信息,可以选择信息,所以我国的体育网络拥有众多的受众。网络具有迅捷性和时效性等优势。这使得网上传播几乎达到了与体育事件同步的速度。1994年,互联网正式进入中国,1997年12月新浪网体育频道——新浪竞技风暴开通。从总体上说,中国网络媒体在奥运会报道中的重要性直到2000年悉尼奥运会才充分显现出来。2000年悉尼奥运会是世界范围内互联网首次全方位涉足赛事运作和赛事报道的奥运会,但当时互联网对奥运会的报道还是受到了国际奥委会的限制。其基本原因是:国际奥委会不仅从盈利的角度出发去销售电视转播权,而考虑到更广泛的人群可以获得奥运会的信息。所以,在考察中国体育媒体的主流问题上,网络也被纳入主流体育媒体的范围之列。

2008年北京奥运会,国际奥委会对数字新媒体首先垂范,正式认可了互联网和移动新媒体的传播地位,首次将其作为独立转播机构,与传统媒体一起列入奥运转播体系。2005年11月7日,搜狐获得北京奥运会互联网内容服务赞助商资格,这是奥运会历史上第一次设立互联网内容赞助类别;2006年10月26日,国际奥委会正式授权新华通讯社为2008年北京奥运会东道主通讯社,并负责组建国家奥林匹克摄影队;2007年9月12日,新华社正式开通2008年北京奥运会东道主通讯社官方网站;2007年9月28日,第一视频成为北京奥运会国际新闻中心(BIMC)新媒体合作伙伴;2007年12月18日,CCTV.com(央视国际)获得北京奥运互联网与手机平台在中国内地及澳门地区的独家转播权。

## 第二节 体育媒体营销的策略与方法

### 一、体育媒体的营销策略

1. **赛事推广策略** 是指体育媒体通过打造并推广体育赛事的方式,来达成媒体营销的目的。如全新武术节目《武林大会》就是由中央电视台体育频道于2007年3月6日推出、中视体育推广有限公司全程推广的,旨在弘扬传统武术文化,打造民族体育赛事品牌。《武林大会》将目光锁定在以技击为灵魂的传统武术上,以擂台争霸的形式,巧妙地融入各门派文化的介绍和武术家技能的展现。据权威调查机构央视索福瑞提供的数据显示:"武林大会"开播3个月,即成为CCTV-5晚间22:20后时间段的收视"擂主";开播5个月,全国有3.4亿观众收看过《武林大会》,同时,赢得赞助商及欧美、韩国等国外电视传媒的高度关注。同时,"武林大会"填补了当今中国电视节目没有传统武术栏目和没有传统武术格斗比赛的两项空白。

中国武术职业联赛WMA(Wushu Masters Association)由中视体育娱乐有限公司发起,于2008年12月30日正式宣告成立。中国武术职业联赛由中央电视台体育节目中心、国家体育总局武术运动管理中心、中国武术协会、中国大学生体育协会主办,中视体育娱乐有限公司独家组织、运营、推广,是全面揭示中国武术技击技法的武术职业联赛。中央电视台作为国家级媒体,积极地投身于传统体育文化传播仪式的打造活动中,显现了一家媒体的视野和责任感。中央电视台对整个联赛进行了全程直播,在观众评价一片倒戈的情况下依然没有放弃直播的计划,并总结问题,听取意见,争取改善,以便呈现出更好的节目形态,足显出央视对弘扬传统武术的坚定信心。

2. **强强联合策略** 随着地方电视台体育频道之间竞争的加剧,他们意识到与其各自为战,争夺有限的市场份额,不如合纵连横,争取双赢局面。地方台之间开始考虑资源共享通力合作。1996年,北京电视台、广东电视台体育部合作推出时长为50分钟的《中国体育报道》,这是地方台联合的首次尝试。这档节目注重了体育新闻的全国性与贴近性,避免了各自派记者采访而带来的人力物力财力的浪费。在大型国际赛事报道方面,如奥运会、世界杯等,地方台也采取了联合报道的方式,互惠互利,形成了一种较好的松散的合作模式。随着新一轮的优胜劣汰,2007年国内的体育频道就从42个萎缩到了29个。不少体育频道已经改换门庭,其根本原因就是赛事资源不足。

2001年地方台联合成立了"全国体育新闻协作网(CSN)",形成了较为固定长期的战略协作。2007年9月23日,为了给2008年的广告招商和奥运节目制作做好最充足的准备,并以优异的收视表现吸引4A等客户,省级体育频道联播平台决定于10月1日试播,首批成员台为江苏、山东、辽宁、湖北、新疆5台体育频道。2008年1月1日,联播平台将正式播出。平台全称为"China Sports Program Network",简称为"CSPN",是希望能做到"时尚、新锐、国际化",更加体现体育电视的时代特色和个性魅力。在节目制作上,联播平台采用"中央厨房"制作理念,各成员台统一采购、统一制作、统一播出。成员台取长补短,各侧重负责某一个或几个部门,制作水平明显高于单个频道。比如在节目包装上采用江苏体育休闲频道的时尚元素,而在新闻制作上则充分考究辽宁、山东体育频道多年积累的经验。

3. 娱乐营销策略　在中国,娱乐体育最早由《南方体育》主编龚晓跃提出。《南方体育》在2002年世界杯期间推出了其特色节目"足球宝贝"。外界对"足球宝贝"的褒贬不一,网络上有很多球迷指责这是对足球的一种亵渎,更有甚之,不止一家的足球俱乐部表示他们保留在必要时候追究《南方体育》对他们造成的名誉伤害。但不争的事实是,"足球宝贝"已经占领了多数球队的主场看台,并向其他体育项目蔓延开去。

一个社会学家这样评价足球场上的宝贝风行:"当后工业时代的足球已在剩余价值的榨取与反榨取中丧失了其原始的乐趣,足球宝贝的出现及时挽救了亿万球迷的失乐园状态"。其实,体育电视也在朝着娱乐化的方向发展。很多电视栏目的设置也有别于以往"纯体育报道"的栏目,换句话说是将更多娱乐元素引入体育节目。光线电视推出的《体育界》,就是这一类型的代表。聚焦体育比赛背后的故事和人,让体育的外延也能成为人们关注的热点,这类节目可能带给观众的最直观印象是"好玩",由于不脱离新闻事件本身,所以应该会很有市场。但娱乐不是愚乐,关键是体育在奥运争光和全民健身之外的另一个价值正在被不断放大。生活本身已足够紧张和残酷了,受众热爱体育,当然希望提炼体育本身丰富的娱乐元素并以此对生活本身进行消解。职业体育发展到今天,有商业价值的项目都已经很完善了,无非是足篮排、网球、高尔夫。而体操、跳水等项目的市场价值毕竟有限。休闲体育还需要体育媒体去开发、去挖掘。

4. 品牌营销策略　CCTV-5无疑是我国体育媒体品牌营销策略运用得最驾轻就熟的体育媒体。CCTV-5近几年在节目包装,节目风格上更注意规范、统一,突出频道的整体感。CCTV-5的体坛风云人物年度评选也是品牌建构的一大举措。经过活动评选出的"CCTV体坛风云人物"登上中国体育的最高殿堂,也势必受到全社会的广泛关注。

### 相关链接

CCTV-5作为中国最具品牌价值的专业电视体育媒体,凭借其强大的赛事资源已使全国观众形成了极为稳固、持续的收视行为。全年2 000多场直播赛事量,使CCTV-5占据全国电视体育市场86%的份额。而全年2 000多场直播赛事中,足球赛事资源占据相当的比重。经过十年的专业化频道经营,CCTV-5已经成为中国体育营销领域最具市场影响力与号召力的战略性资源。

《风云足球》的品牌经营标志着中央电视台体育营销理念的又一创新。CCTV-5以赛事转播为核心,整合众多足球资源,通过独立的VI设计,运用各种立体化推广手段,将《风云足球》打造成为足球赛事电视转播的最强品牌。《风云足球》的概念破除了频道各个独立的年度赛事和联赛间的孤立,方便客户在一个清晰的概念下进行整合传播,全力放大赛事价值,从而引导品牌精准传播,规避营销力量分散与重心偏移所带来的风险,帮助客户铸造坚不可摧的营销战舰。

CCTV-5借助独一无二的赛事资源和频道内业已形成的足球报道体系,引入分类营销思维,运用细分、整合等多种市场营销手段为赛事经营推波助澜,协助客户顺应市场需求进行精准营销与深度营销。历经十年风雨,CCTV-5已锻炼培养出一支能够将体育报道、制作、编播与体育营销进行精准对接、价值联姻的专业化队伍,为《风云足球》品牌的整合传播与营销提供了强大的智力支持。力求从转播力度、报道样态、编排模式等多个方面使足球资源得到立体呈现,形成对足球赛事独一无二的强大整合力量。常规节目形态的广告投放效果不可避免地受到受众遗忘规律的影响,随着时间的推移,受众对广告品牌的认知度呈现下降的趋势;而《风云足球》的广告投放效果则呈现不同的趋势,受众对客户品牌的认知度持续上升并趋于稳定。受众认同客户更多的品牌价值,关键在于《风云足球》在眼球深度方面独具优势,具体表现在3个方面。

(1) 足球赛事具有极高的吸引力,观看足球转播时,受众情感卷入程度更深,更易保持持续的高度关注,与常规节目形态相比,受众较少因为出现广告而换台。

(2)《风云足球》有效整合CCTV-5体育频道内所有足球资源,在足球赛事价值得到全面放大的同时,牢牢锁定足球赛事的受众,在赛事直播过程中使所暴露的品牌形成强势持续的视觉焦点,借整合效应使受众对品牌的抗拒性大大降低、更易被接受。

(3) 在《风云足球》的统一概念统领之下,CCTV-5体育频道的足球资源呈现更加多元化的表现形态,不同风格的足球类节目完美交互、相得益彰,将前两点优势结合起来,达到1+1>2的广告投放效果。

资料来源:CCTV-5:中国第一足球电视品牌体育媒体,《广告人》2007年第9期

## 二、针对不同类型体育媒体的营销方法

中国人民可支配收入增加了,需要好的体育信息,需要好的体育文化,对体育消费的需求也增加了,于是中国正在形成一个巨大的体育信息消费市场,体育媒体的不断涌现自然是填补了这个市场。不同类型的媒体,在中国有相对一致的营销环境,但又面临不同的现实背景。下面我们介绍几种针对不同类型体育媒体的营销方法。

### (一) 体育平面媒体的营销方法

2009年3月3日,曾经是最权威、象征着"官方声音"的《中国足球报》在经历15年风风雨雨,出版了872期之后,最终由于内外交困,宣布暂时休刊。《中国足球报》的休刊绝非偶然,早在2005年,中国体育报纸就遇到了一次"冰河时期",曾经发行量超过100万份的老牌体育报纸《球报》和南方日报报业集团主办的《南方体育》先后停刊。《体坛周报》主编瞿优远表示,广告经营的先天不足是各类体育报刊共同的致命伤。

《体坛周报》这份诞生于1988年7月1日湘江之畔的地方性小报经过20多年的发展,单周发行量已达500多万份,设有遍布全国的30多个分印点,固定读者群800万之众,成为中国发行量最大的体育报纸。像《体坛周报》、《足球报》这样拥有巨大发行量的体育媒体在中国本来就寥寥无几,但即使如此巨大的发行量分摊到每个城市也不算大。如《体坛周报》2001年创纪录的182万份期发行量,是由29个城市的分印点实现的。其中超过10万份的只有上海、武汉、长沙3个城市:上海:26.5万份,武汉:15.2万份,长沙:10.8万份。上海印点的数字看起来很多,但这26.5万份是覆盖上海及周边城市的,单就上海的发行量一定是比26.5万份小得多的数字。武汉的15.2万份和长沙的10.8万份也是覆盖全省,可见《体坛周报》单个城市的发行量都不是很大的数字。如北京的发行量,将近10万份,作为专业报纸,已经是很大的数字,但与晚报等相比还是小巫见大巫。作为广告客户,在投放广告时当然要考虑到这种情况。所以,体育平面媒体除了在广告上下工夫,在发行以及售后服务方面也应该动足脑筋。以下通过对美国《体育画报》营

销的分析,以期更好地理解美国畅销期刊之所以畅销的缘由,以期给中国平面体育媒体营销以启示。

1. 高额零售、低价订阅　2007年,笔者有幸到世界上期刊业最发达的国家——美国,在印第安纳大学(Indiana University)做了为期一年的访问学者。其间,通过和美国同仁探讨中美期刊营销的相关问题、订阅体验和到零售点探访的方式,笔者不完全了解到美国期刊市场的一些营销情况。美国期刊主要分周刊、半月刊、月刊、双月刊、季刊、半年刊、年刊和不定期出版物八大类。和我国一样,美国期刊也主要通过订阅和零售两种方式发行。鉴于《时代》周刊和《体育画报》同为周刊,订阅量抛开期刊内容及读者群等方面的原因外,价格因素应该不容忽视。笔者从2007年4月起订阅了一年(56期)的美国《体育画报》,《体育画报》当年每本零售价是3.99美元,全年(56期)订阅价为223.44美元。在订阅期,《体育画报》向全年征订读者提供高额折扣(折合每期为70美分),甚至打出六期1.99美元的促销价,以向广告主保证拥有一定数量的固定读者,并将其作为向广告主收取高额费用的依据。

可见,高价零售、低价订阅是美国期刊发行普遍存在的现象。而在中国,体育报刊的订阅发行的折扣还不够低,零售和订阅的差距不大,对读者的吸引力也有限。

2. 按需印刷的客户服务　美国畅销期刊发行还有一个普遍存在的现象:对征订读者,美国畅销期刊还有按需印刷的贴身服务,即在杂志封面左下角或右下角直接打印读者的通信地址,而这样个性化的按需印刷总会让读者备感亲切,来年很可能就会成为该杂志潜在的忠实消费者。

据美国期刊出版商协会(MPA)下属出版信息局(PIB)的统计,2008年《体育画报》的广告页数(1 901)在略高于《时代》周刊广告页数(1 752)的情况下,《体育画报》却以6.42亿美元的总广告额远高于《时代》周刊的4.66亿美元。由此我们不难发现,两者广告收入的差距主要是由于《体育画报》广告页单位价格更高所致,《时代》周刊2008年的单位广告页价格为26.61万美元,《体育画报》杂志的则为33.78万美元。而这样的成绩,很大程度上归功于杂志对订户、对广告主周到的服务。

众所周知,美国《体育画报》每年度引领泳装风尚的"泳装特刊",是每年夏季的一件盛事。其实,为了满足春季和冬季高端广告主的特别需求,《体育画报》不定期会有重要优质广告,如某些著名高尔夫运动器械品牌印刷磨砂质地纸的加印封面广告。为了避免有"期刊为纯广告"之嫌,加印的广告封面除右下角小方框仍会加印订阅者的通信地址外,广告封面的右上角还印有"期刊"(Periodicals)的字样;为了更精准地帮广告主联络到高端消费者,《体育画报》在加印广告封面右下角的大方框里还会为广告主设计"正面为互动问答,反面为免贴邮票的回执卡片",完全实现按需印刷、精准营销的目的。

3. 一对一的会员制服务　在杂志竞争门槛越来越高、经营成本越来越高、经营风险越来越大的数字化时代,《体育画报》还通过会员制的方式不断吸引读者成为杂志的会员,并精准了解每个消费者的资料。会员制的好处就是,会员必须填写相关个人信息,包括电子邮箱、信用卡、兴趣爱好等信息,建立会员个人资料数据库以后,纵然有上百万的庞大消费群体也尽在掌握中了。一对一的会员制服务,还可以通过定期的见面活动使杂志的订阅成为一种人性化的交往。目前美国畅销期刊基本都采取了会员制的方式营销。

**(二) 体育广电媒体的营销方法**

全球化赛事的日益增多和全球化信息传播手段的加强使体育信息传播的速度日益加快,迫使中国体育媒体改变以往的营销思路。境外体育传媒在追求产品本土化以后,对本土体育传媒无疑是最大的挑战。以投资内容为主的维亚康姆公司,迄今为止,除了没有对报业进行投资外,已经涉足了影视、广播、出版、音乐等传媒娱乐业的方方面面,它的全资子公司MTV音乐电视更是其"主打项目"。维亚康姆在中国的盈利渠道主要来自3个方面：第一，收视费。这项收入在整个利润里占10%，在国外也保持在20%；第二，广告收入。这项收入在利润构成中占80%～90%，在国外也有80%的比例；第三，特许经营费。利用既有的品牌派生其他的产品或进行合作，这笔收入很小，只有5%。而中国大多数媒体的盈利模式非常单一，CCTV-5可谓在媒体营销方面是运营得比较成功的，以下以中央电视台体育频道的营销实例来分析几种体育广电媒体的营销方法。

1. 对栏目广告资源的定价销售　中央电视台体育频道拥有丰富的节目资源，它是国内创办最早、规模最大、拥有世界众多顶级赛事国内独家报道权的专业体育频道，于1995年1月1日正式开播，通过亚太IA卫星覆盖全国，每天平均播出16小时以上。中央电视台体育频道自2005年9月5日起全面改版，实现全天24小时播出。新改版的体育频道突出赛事、加强新闻、改进编排。在原有的早中晚3档体育新闻栏目《体育晨报》、《体坛快讯》和《体育世界》基础上，新增两个半小时左右的新闻栏目，分别在早上7点和晚间24点播出。另外，体育频道将增加体育赛事的转播和国际顶级赛事的重播，形成赛事转播和新闻报道两条主线的风格。

体育频道目前开设的主要栏目有《体育新闻》、《体育世界》、《足球之夜》、《天下足球》、《顶级赛事》、《赛车时代》、《篮球公园》、《巅峰时刻》、《全明星猜想》、《体育晨报》和《拳霸天下》等，内容包括国内外重大赛事的现场直播、体育热点问题追踪报道、全民健身及娱乐、体育知识普及教育等。每天的固定栏目有：《体坛快讯》、《体育新闻》、《体育世界》、《体育晨报》和《体育报道》。每周的固定栏目有：《天下足球》、《足球之夜》、《体育人间》、《赛车时代》、《篮球公园》、《巅峰时刻》、《我的奥林匹克》、《顶级赛事》、《黄金赛场》和《城市之间》等。这些栏目之前和中间都是广告播出的固定时间段，另外还有一些不固定的大型赛事的直播之前和中间也都会有体育广告播出的时间段，广告播出的时间基本随栏目的时间而定。从时间安排上来看，新闻栏目占据了日播栏目的绝大部分时间，而周播栏目中的足球、篮球栏目的播出时间也比其他栏目的播出时间要长，而且还有重播时间。从广告时间上看，日播栏目有插播广告的栏目大多为新闻栏目，特别是中午和傍晚时间段的广告数量最多。周播栏目插播广告时间最多的是足球、篮球栏目。

2. 赛事转播权分级标价销售　美国电视台对于体育报道的投入是最大的，如NBC(National Broadcasting Company，美国全国广播公司)购买2000年～2008年5届冬夏季奥运会的报道权费是36亿美元；购买NBA篮球未来5年的转播合同超过30亿美元。据统计，美国的四大电视机构从2000～2008年这8年时间里，向棒球、篮球、冰球和汽车运动这4个国内比赛支付总价达289亿美元的报道权费用。花费巨资购买了如此巨额的转播权，体育媒体又是如何保证盈利呢？

以2008年北京奥运会为例，从国际奥委会取得特许权的电视转播商的美国全国广播公司(NBC)和中国中央电视台(CCTV)分别购买了在美国和中国的互联网、手机的转播权益。特权电视转播商可以在授权区域内对电视转播权进行再授权，新媒体的转播权益获得者(CCTV.com)也可在授权区域内对互联网的转播权进行再授权。事实上，央视网已对新浪、腾讯、搜狐、网易、酷6等门户网站以及pplive、ppstream、UUsee进行了再授权。央视网的再授权分为直播和点播授权两种，并且再细分为奥运会开闭幕式的直播、点播、奥运赛事的直播、点播等。央视网通过互联网再授权至少赚取两亿以上人民币。

3. 对赛事转播合作伙伴的销售　被命名合作伙伴的企业在合作期内在产品包装和商业活动中可使用该称号，权益还包括多种广告回报。如授予"中央电视台2012体育频道篮球赛事转播合作伙伴"称号的企业将拥有5秒标版、15秒企业广告和《篮球公园》冠名等多项权益。5秒标版在CCTV-5自2012年1月1日至12月31日(2012年7月28日至8月13日伦敦奥运会共计17天除外)期间可播出，全年共计1682次，具体安排如表10-1所示。

表 10-1 "中央电视台 2012 体育频道篮球赛事转播合作伙伴" 5 秒标板播出时段表

| 播出栏目/时段 | 播出时间及广告频次 | 频次总计 |
| --- | --- | --- |
| CCTV-5 全天时段 | 全天(4 次/天) | 1 396 次 |
| CCTV-5 NBA 联赛 | 每周 4 次常规赛、全明星赛、季后赛及总决赛(1 次/场) | 122 次 |
| CCTV-5 CBA 联赛 | 约每周 3 次(1 次/场) | 44 次 |
| CCTV-5 全年转播的其他篮球赛事 | 如 CUBA 全国大学生篮球联赛、斯坦科维奇杯洲际篮球赛、中国之队比赛、中国男女篮友谊赛等(1 次/场) | 120 次 |

注:具体播出时间以《中国电视报》预告为准。中央电视台广告经营管理中心(2011 年 9 月 20 日)。资料来源:央视广告网站 www.adcctv.org。

4. 对体育节目的冠名与赞助　在我国,体育电视的制播分离,可以采用通过引进相关的企业来完成共建的模式。中央电视台体育频道的《篮球公园》节目就是通过和 361°及保险公司共建,来完成将体育电视节目延伸到体育产业实体领域的。在体育电视制播分离上,中央电视台体育频道在栏目的商业化运作方面一直走在前列。2006 年 12 月,CCTV-5 与李宁公司签订协议,从 2007 年 1 月 1 日开始,CCTV-5 的全体主持人、播音员和出镜记者都将身着李宁品牌标志的服装,这不仅是 CCTV-5 在媒体营销,特别是在赞助环节迈出的一大步,而且也使整个中央电视台体育频道能整齐划一,进一步体现频道完整的风格。2009 年 1 月举行的 "CCTV 后奥运营销高峰论坛暨第四届体育营销经典案例颁奖盛典"上,中央电视台体育频道江和平总监明确指出,中央电视台体育频道"现在已经形成了《城市之间》、《篮球公园》、《武林大会》和《体坛风云人物》的制播分离"。

# 本章小结

媒体是电视、报刊、广播及网络等大众传播工具的总称。所谓体育媒体(Sport Media),简言之,就是传播体育信息和文化的载体或平台,指以各种方式采集和传播体育信息、反映或影响舆论的各种新闻传播机构。目前,最活跃的体育媒体可分为三大类:最具广泛群众基础的体育平面媒体、最具影响力的广电体育媒体和迅速崛起的网络体育媒体。体育媒体的普遍营销策略,是按照传统营销的 4P 理论,即产品(production)策略、价格(price)策略、渠道(place)策略和促销(promotion)策略来推广体育媒体。除此之外,目前体育媒体还普遍使用的营销策略有赛事推广策略、强强联合策略、娱乐营销策略、品牌营销策略和整合营销策略。为达到促进体育媒体的销售目的,不同类型的体育媒体还采取不同的营销方法。平面体育媒体主要采取:①高额零售、低价订阅;②按需印刷的客户服务;③一对一的会员制服务等营销方法。广电体育媒体则主要采取:①对栏目广告资源的定价销售;②赛事转播权分级标价销售;③对赛事转播合作伙伴的销售;④对体育节目的冠名和赞助等营销方法。

## 思考题

1. 媒体、媒介、传媒的概念有什么异同?体育媒体有哪些种类?
2. 为什么说体育媒介不单纯是体育媒体?体育媒体营销的普遍策略是什么?
3. 为什么针对不同类型的体育媒体会有不同的营销方法?针对平面体育媒体和广电体育媒体有哪些主要营销方法?

# 第十一章

# 体育彩票营销

**本章要点**

- 体育彩票的概念
- 体育彩票营销的含义
- 体育彩票营销的环境
- 体育彩票营销组合策略

**案例导读**

**新游戏品种开发**

基诺游戏从 20 世纪 80 年代中期开始在市场中出现。最初,在美国和加拿大基诺游戏并没有取得令人满意的销售额,直到塔特萨尔·斯威普咨询公司把基诺作为一种每日抽奖的产品推出,才取得了成功。而南澳大利亚彩票委员会完全革新了基诺游戏,把它的抽奖频率增加到每 5 分钟 1 次,并且把彩票的发行范围扩展到了俱乐部和小客店等地。相比较乐透,它是一种社会性的游戏,因为彩民们可以在一个放松的环境中一边吃喝一边享受基诺的乐趣,而对于乐透,则强调它给人们赢得巨奖改变生活的机会。彩票公司关于基诺的宣传广告也重在突出它作为一种社会性产品的特性。例如,报纸上的基诺广告词就是:"基诺就像看电视一样简单。"

## 第一节 体育彩票营销概述

### 一、体育彩票的含义及特点

**(一)体育彩票的含义**

国内对体育彩票的翻译一般为 sport lottery,英文资料中这一组合词出现得非常少。少量文献中出现的 sport lottery 一般是指在体育赛事中发行的即开型彩票。国内对体育彩票概念界定的较多,如赵明宇认为"体育彩票是以筹集国际或大型运动会举办资金等名义发行的,印有号码、图形或文字的供人们自愿选择购买并能证明购买人有按照特定规则获取奖励权利的书面凭证。无论是否具有称谓或是否标明票面价格,均视为体育彩票"。鲍明晓认为体育彩票就是以体育名义发行的,有可能给购买者带来某种中奖权利的凭证。李海将体育彩票分为狭义和广义两种。狭义的体育彩票指的是以体育比赛为媒体发行的彩票,亦可称为竞猜型体育彩票,如足球彩票、棒球彩票、赛马彩票等;广义的体育彩票指的是彩票的玩法或发行彩票的目的与体育相关的各类彩票。

此外我们还经常可以看到 sports betting 和 betting 的表示,我们往往把它们翻译成体育博彩。欧洲彩票和透透协会(European Lotteries and Toto Association)将体育博彩界定为包含所有基于对体育结果竞猜的游戏(即固定和运行赔率、足球竞猜游戏、现场对体育赛事竞猜、另外的游戏和由体育竞猜公司提供的足球奖池等)。在国外谈到体育博彩主要指的是各类赛事博彩(即包括人的赛事如足球、网球等,也包括动物的赛事,如赛马、赛狗等),与一般的彩票不同,体育博彩往往含有一定的智力因素,也就是我们常说的竞猜型彩票。

综上所述,可以看出我国对体育彩票的认识有一个过程,最初的定义一般都强调体育彩票是以体育名义发行的彩票。后来才逐渐向现代意义的体育彩票靠拢,将体育彩票等同于竞猜型彩票。但是,总的来说,我国对体育彩票的定义具有鲜明的中国特色,反映了彩票发行的部门性质。国外文献中的体育博彩是特指对体育赛事的竞猜,就是国内谈到的竞猜型彩票,也有人把它界定为狭义的体育彩票。为符合国内实际情况和便于进行国际比较,笔者认为,凡是具备以下特征之一的就属于体育彩票:一是发行主体为体育管理部门;二是彩票发行所取得的资金主要用于各项体育事业;三是竞猜对象或中奖条件是以比赛结果为依据的。

### (二) 体育彩票的特殊商品性

商品市场的存在,在于商品本身具备的价值和使用价值能够满足人们的需要,或用于消费,或用于生产,或者能带来收益等。彩票作为商品进入市场,同样具备一般商品所共有的价值和使用价值,但彩票是以特殊商品的形态出现的。

商品是用来交换的劳动产品。马克思指出:"商品首先是一个外界的对象,一个靠自己的属性来满足人的某种需要的物品。"构成商品的2个因素是使用价值和价值。彩票具有使用价值,主要体现在:①能满足人们"中奖"、"试运气"的期望心理;②能满足人们参与博彩娱乐、寻求"刺激"的需要;③能满足人们投资公益性、福利性事业的需要。彩票的价值体现在为满足某种中奖、试运气、娱乐以及投资公益性事业的需要付出的相应货币。但彩票又不仅仅是一种普通商品,彩票本身仅是一种印有号码、图形或文字,供人们自愿购买并按特定规则确定购买人获取或不获取奖金的有价凭证,彩票的价值(价格)是"虚拟资本"。所以彩票是"虚拟商品",没有实际使用价值或效用,与金融工具一样,只有单一的使用价值——获得收益的能力。彩票的使用价值是或然的,因为彩票可能中奖,也可能不中奖。所以,更确切地说,彩票市场交换的只是一种收益的机会。彩票还有一个特点,就是使用价值的一次性,一经交易完成,彩票的使用价值当即作废,不能继续用以流通。

## 二、体育彩票的种类

当今世界上有100多个国家在发行彩票,彩票种类繁多,不胜枚举,其有各种各样的分类方式和不同的游戏规则。目前国际上的惯例是采取不同的游戏方式来划分彩票种类,按照游戏方式主要可分为传统型彩票、即开型彩票、乐透型彩票、数字型彩票和透透型彩票等五大类。

### (一) 传统型彩票

传统型彩票指的是任何以抽奖的方式决定获奖者的彩票,如购买者所持彩票的号码与抽出的号码一致,即可获奖。传统型彩票是在彩票发行机构事先印制的系列号码中进行抽奖,因印在票上的数字不由购买者选择,所以这种彩票也被称为"被动型"彩票。传统型彩票的特点是统一印制、统一编号;先销售、后开奖。一般情况下,在预定的发行量销售完毕,集中开一次奖,也可按期（比如半个月或一个月）开奖。

在第二次世界大战前，传统型彩票几乎一统天下，风靡一时，除美国以外曾遍布全球。我国发行的彩票也是从传统型彩票开始的。根据世界彩票权威刊物《la fleurs 2010年世界彩票年鉴》统计，2009年全世界彩票总销量达到2 401亿美元（不含视频彩票VLTs销量），其中传统型彩票销售量为237亿美元，占彩票总销售量的9.9%。

### （二）即开型彩票

即开型彩票亦称"即开即兑型彩票"，是世界上流行的第二代彩票，即购票者在一个销售点上一次完成购票和兑奖全过程的一种彩票。即开型彩票在彩民购票后即可知道是否中奖。

即开型彩票具有许多优点：首先是即开即兑，博彩者买到彩票后，马上就可以知道是否中奖。方法简便，易于操作。因而，这种彩票具有节奏快，趣味性强的特点，既迎合了人们的中奖心理，又适应了现代人生活的快节奏；其次是设奖灵活，由于即开即兑，因而，彩票发行者可以根据不同地区的需要来设计与当地经济条件相适应的奖组、奖级和奖金额。

目前，即开型彩票销售最好的国家是美国、法国、新西兰、西班牙和土耳其等国。2009年全世界即开型彩票销售量为635亿美元，占彩票总销售量的26.4%。

### （三）乐透型彩票

乐透型彩票是目前世界彩票的主流，其英文名字"Lotto"，是由意大利语转化而来，最早见于1778年。其原始字意为"分享"，最初是一种纸牌游戏。它是由彩民自己选号码，通常是在一组数域（16~100个号码）中，选出若干个号码，构成一注彩票。这种彩票的最初形式为参与者从49个数字中选出6个，以决定是否中彩。乐透型彩票在世界各国的玩法种类繁多，但以49选6进行的方式仍然占比例最大。

乐透型彩票的主要特点是：①趣味性强。乐透型彩票不像传统型彩票，顾客被动购买已印好号码的彩票，无选择余地，而乐透型彩票顾客可以自由选择自己喜欢的数字；②奖金额高。由于乐透型彩票设置奖池，容易积累高额奖金，且头等奖的奖金随彩票销售量而浮动，销售量越大奖金越高。同时，乐透型彩票若当期彩票头奖的奖金没有被选中，则奖金自动转至下期，从而使得其奖金像"滚雪球"一样越滚越大，这就是这种彩票吸引力大的关键所在；③与市场即购买人数高度相关。市场大、有效需求高的地区乐透型彩票销量更好。正是因为如此，世界上出现了多州、多国联合乐透型彩票，如美国的15个州和哥伦比亚特区联合发起的"乐透美国"彩票，斯坎的纳维亚各国的"北欧彩票"等。

乐透型彩票是目前世界上最流行的彩票品种。2009年全世界乐透型彩票销售量937亿美元，占彩票总销量的39%。

### （四）数字型彩票

数字型彩票是由购买者按照要求的位数选取数字，组合方式不同决定奖额多少的一种博彩形式。这种形式通常是每天开奖。

数字型这种彩票有3位数和5位数的玩法，购买者选取一个3位数或5位数的组合，我国目前销售的"排列3"、"排列5"均属于此类玩法。组合方式不同决定奖金的多少，最基本的分别是排列和组合两种，前者要求所预测的号码必须与开奖的号码在顺序和数字上完全一致，而后者则无顺序要求，只要数字相符即可。很自然，前者预测难度大，中奖机会小，故奖金也高；后者预测难度小，中奖机会大，故奖金也低。数字型彩票在美国最流行，绝大多数州都发行这种彩票。2009年全世界数字型彩票销售量为168亿美元，占彩票总销量的7%。

### （五）竞猜型彩票

竞猜型彩票也称透透型彩票，这是一种将博彩与体育运动结合在一起的博彩形式，其实际

是一种体育运动竞赛彩票,包含智力因素。该彩票是将体育比赛和彩票结合在一起,要求参加者预测体育比赛结果,主观因素和智力比其他彩票要大。由于体育比赛本身带有很大的偶然性,加之过分的商业化,一些人为获利控制比赛而打假球,使这一活动常常爆出丑闻。因此,对于竞猜型彩票,体育比赛的公正性、公平性是健康、顺利进行体育运动竞赛彩票的重要前提。

由于竞猜型彩票的趣味性、智力性,使得该彩票在世界范围内有着广泛的群众基础。在2009年全世界竞猜型彩票销售量143亿美元,占彩票销售量的5.9%。世界竞猜型彩票的总销量虽然处于逐年增长态势,年销量增长率较高,但在世界博彩总销量中所占比例较低。

据世界彩票权威刊物《La Fleurs 2009年世界彩票年鉴》统计,截至2009年底,全球彩票总销量达到2 400多亿美元(其中不包含视频彩票)。其中电脑乐透型彩票仍然是最受大众所欢迎的彩票,以占总销量39%的成绩占据销量榜首,销量第二名是即开型彩票,占总销量的26.4%,接着销量排名依次是传统型彩票、数字型彩票、其他数字型彩票、竞猜型彩票和基诺型彩票(表11-1)。

表11-1  2009世界彩票销售情况一览表(单位:百万美元)

| 地区 | 彩票种类 | | | | | | | 总销售额 |
|---|---|---|---|---|---|---|---|---|
| | 数字票 | | | | 纸票 | | | |
| | 乐透型 | 数字型 | 基诺型 | 竞猜型 | 其他 | 传统型 | 即开型 | |
| 非洲 | 629.1 | 2.1 | 22.7 | 84.9 | 117.1 | 21.0 | 136.7 | 1 013.7 |
| 澳洲 | 4 214.1 | 7.4 | 101.6 | 10.9 | 10.3 | 93.7 | 556.3 | 4 994.4 |
| 亚洲、中东 | 20 612.6 | 5 091.2 | 260.4 | 2 425.4 | 5 421.5 | 7 965.5 | 5 103.7 | 46 880.2 |
| 欧洲 | 51 055.8 | 1 263.6 | 9 511.2 | 11 132.9 | 5 291.7 | 13 967.9 | 24 630.7 | 116 853.8 |
| 南美洲、加勒比 | 2 549.7 | 602.5 | 96.1 | 111.6 | 3 199.2 | 663.6 | 105.4 | 7 328.1 |
| 北美洲 | 14 600.3 | 9 851.3 | 3 165.3 | 509.7 | 970.1 | 954.5 | 32 959.5 | 63 010.8 |
| 总销售量 | 93 661.6 | 16 818.1 | 13 157.4 | 14 275.4 | 15 009.8 | 23 666.2 | 63 492.4 | 240 081.1 |
| 所占比例(%) | 39.0 | 7.0 | 5.5 | 5.9 | 6.3 | 9.9 | 26.4 | 100 |

### 三、体育彩票营销的概念

由于体育彩票特殊的商品性,其在营销中有别于其他一般的商品,具有一定的特殊性。体育彩票营销是指体育彩票机构通过竞争,更好地满足彩民及利益相关群体的需求,以获得所需所欲的一种社会及管理过程。该定义具有如下涵义和特点:①体育彩票机构是国家指定的体育彩票营销组织。这里体育彩票机构包含两部分内容,一是指在中华人民共和国境内设立的,国务院体育行政部门依法设立的体育彩票发行机构;另一个是指省、自治区、直辖市人民政府体育行政部门依法设立的体育彩票销售机构,它们共同构成了我国体育彩票机构。我国体育彩票的发行销售由体育彩票发行与销售机构和彩票零售商共同完成。②体育彩票营销的客体包括体育彩票游戏产品、相关服务及与之相关的思想与理念。由于体育彩票是国家为筹集社会公益金所发行的一种凭证,因此,在体育彩票营销过程中,不仅要向彩民提供种类丰富的体育彩票玩法及相关服务,还要将体育彩票的发行宗旨传递给彩民,使国家公益彩票的思想贯穿在彩民心中。③体育彩票营销的出发点是满足彩民的心理需求。彩民购买体育彩票是为了满足"奉献爱心"、"中大奖"、

"社交娱乐"的心理。因此,体育彩票机构必须以满足彩民的心理需求为基点来开展各项活动。④体育彩票营销的手段是提高竞争能力。目前我国彩票市场只有体育彩票和福利彩票两种。由此可见,体育彩票的直接竞争对手是福利彩票,潜在竞争对手是"地下私彩"和各种商品的促销活动,具有潜在性的竞争对手还包括可以满足消费者"娱乐体验"的各种产品和服务。⑤体育彩票营销的目的是取得长期的较高社会效益和经济效益。由于体育彩票公益性的发行宗旨,也决定了体育彩票营销中更要突出强调它的社会效益。

### 四、我国体育彩票管理现状

我国分别于 1987 年和 1994 年发行了福利彩票和体育彩票,彩票业的发展受到了政府的关注和支持。2009 年 7 月 1 日前,我国彩票管理的调整依据主要是《民法通则》、《民事诉讼法》、《个人所得税法》和《公正暂行条例》等几部法律法规。从 2009 年 7 月 1 日起,我国第一部全面、系统规范彩票管理的专门性行政法规——《彩票管理条例》开始施行。该条例是我国 1987 年发行彩票以来第一部全面、系统规范彩票管理的专门性行政法规,是我国彩票管理法制化、规范化的重要标志,是加强彩票管理、规范彩票市场发展的重要举措,是维护彩票参与者合法权益、提升国家彩票公信力的重要保障。《彩票管理条例》的颁布施行,实现了我国彩票立法的历史性跨越,标志着我国彩票事业发展步入了有法可依、规范管理的新阶段。

### 五、体育彩票营销的主要市场主体分析

微观环境同市场营销活动有密切关系,微观环境中的诸因素直接影响着经济组织服务目标市场的能力。体育彩票市场中的微观环境因素之间的关系如图 11-1 所示。

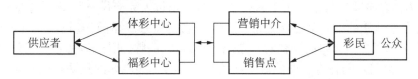

**图 11-1 体育彩票市场各市场主体之间的关系**

1. 彩民  体育彩票市场的顾客就是彩民。体育彩票的存续是以大量的彩民存在为前提的,体育彩票作为市场服务与管理机构,应该以不断改善对彩民的服务为工作中心,不断研究彩民的消费心理,及时发现彩民的消费需求,并采取具有针对性的措施。

2. 产品供应者  体育彩票机构是产品供应者,按照国家政策向社会发行和管理体育彩票。国家体育彩票管理中心是我国体育彩票市场中的产品供应者与管理者,为促进产品的销售,各省市、自治区、直辖市人民政府体育行政部门依法设立的体育彩票销售机构及各区县设置了不同的部门和管理层次,统一体育彩票营销决策和营销方案的实施。

供应者是指向体育彩票营销部门及其竞争者提供所需资源的企业和个人,如原材料、设备、能源、劳务、资金等。供应者提供资源的价格与质量直接影响体育彩票产品的质量,就目前看,体育彩票的销售机器是体育彩票销售工作的薄弱环节之一。

3. 营销中介  是指一些服务机构,如广告公司、保险公司、电视、报刊等传媒、调研公司,经过他们的协助,产品及有关产品的信息才会更好地传递给消费者。商品经济的发展,使社会分工更加细密,中介机构的作用也愈来愈大。在市场活动中,体育彩票机构不可能事必躬亲,一些事情应该交由更具专业性的中介机构来做。目前市场上有众多的广告公司、发达的传媒机构,利用好这些营销中介对提高体育彩票销售量有很重要的作用。

## 第二节 体育彩票营销组合策略

### 一、体育彩票玩法策略

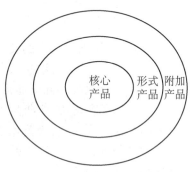

图 11-2 体育彩票玩法整体概念的层次

**(一) 体育彩票玩法概述**

体育彩票玩法不仅是指彩票各种具体的玩法,还包括向彩民提供的各类相关服务。体育彩票玩法是用于满足彩民某种需求和利益的有形实体和无形服务的总和。体育彩票玩法是一个整体的概念,它既是使用价值和价值的统一,又是有形实体和无形实体的统一。它以满足彩民的需求为基础,随着市场竞争的加剧,其概念的含义也在不断扩展,目前包括3个层次,即核心产品、形式产品和附加产品(图11-2),这3个层次中的每一层次都会增加彩民价值。

(1) 体育彩票玩法的第1个层次是核心产品,即体育彩票给彩民购买带来的基本利益,是体育彩票本身的使用价值,也是彩民购买的核心要求。具体是指彩民购买彩票所带来的休闲娱乐、奉献爱心和中奖机会等,这是体育彩票的本质属性,也是彩民购买体育彩票的基础。例如,2007年上海体育彩票研究中心在对上海市体育彩票市场调查中发现,彩民购买彩票目的最多的分别是碰运气中奖(52%)、娱乐消遣(27%)、为体育事业和公益事业作贡献(14.5%)、增进人际交往(4%)和追求时尚(1.9%)。

(2) 体育彩票玩法的第2个层次是形式产品。它是核心产品的物质载体,也就是核心产品部分借以实现的形式。具体指的是体育彩票的各种玩法、品牌、式样等,如各类竞猜型彩票、超级大乐透、排列3、顶呱刮等,体育彩票的核心利益就是通过这些具体的玩法得以实现。因此,体育彩票机构必须从彩民的实际需求着手,为彩民提供合适的玩法,满足彩民购买体育彩票所追求的核心利益。

(3) 体育彩票玩法的第3个层次是附加产品。附加产品本来不是产品本身的内容,是由于市场竞争的加剧才使营销者把它增加到产品上,直接成为产品的一个组成部分。体育彩票的附加产品是指彩票销售的延伸部分,比如开发一种新的玩法,使得其更有趣味性和提高中奖率;把经常购买彩票的彩民的信息输入数据库,定期向这些彩民提供个性化的服务;定期为彩民举办各类讲座和交流等。

通过上述分析可以看出,体育彩票玩法包含着丰富的内容,应该从整体上加以理解。在进行体育彩票玩法开发时,营销人员首先必须找出玩法将要满足的核心消费者需求,然后设计出形式产品并找到扩大产品外延的方法,以便创造出能最大满足彩民要求的一系列利益组合。

**(二) 体育彩票玩法生命周期**

1. 体育彩票玩法生命周期的含义　在体育彩票市场,任何玩法和人的生命一样都不会永远的畅销不衰,每种玩法都会经历一个产生、发展和衰退的过程,市场营销学把这一过程叫做"产品生命周期"。典型的体育彩票玩法生命周期一般可以分为4个阶段,即导入期、增长期、成熟期和衰退期(图11-3)。在生命周期的不同阶段,其销售额是大不相同的。

(1) 第1个阶段导入期。导入期开始于体育彩票新玩法首次进入市场。这个阶段一般是指新玩法的市场试销阶段,新玩法导入需要时间,销售量增长往往比较缓慢。此时,彩民对体育彩

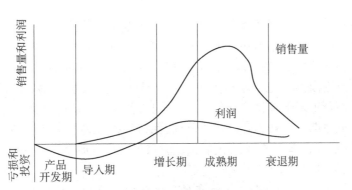

图 11-3 体育彩票玩法的生命周期

票玩法还不了解,除少数追求新奇的彩民外,几乎无人实际购买该玩法。和其他阶段相比,在这个阶段促销费用相对较高,这是为了告诉广大彩民有这种体育彩票新玩法并让彩民来购买这种新玩法,如超级大乐透上市初期,体育彩票发行机构需要采取大量促销手段。在这个阶段由于销量低,销售和促销费用高。因此,利润很低或者是亏本的。

(2) 第2个阶段增长期。体育彩票新玩法如果能够令市场满意,就能够进入增长期,在此阶段销售量将迅速爬升。也就是说,体育彩票新玩法通过试销效果良好,彩民逐渐接受该玩法,新玩法在市场上站住脚并且打开了销路。这是需求增长阶段,需求量和销售额迅速上升,销售成本大幅度下降,利润迅速增长。与此同时,在利润的吸引下,其他彩票发行机构将会参与竞争,使同类彩票产品供给量增加,如体育彩票"排列3"发行取得成功后,福利彩票的3D参与了市场竞争。此时彩票发行机构销售额增长速度逐步缓慢,最后达到生命周期利润的最高点。

(3) 第3个阶段成熟期。体育彩票玩法销售增长达到某一点后就会慢下来,玩法将进入成熟期。经过增长期之后,随着购买彩票新玩法彩民的增多,该彩票玩法市场需求趋于饱和。此时体育彩票玩法普及并日趋标准化,成本低而销量大。成熟期一般比前两个阶段更长,并向体育彩票销售管理机构提出了挑战。绝大多数彩票玩法处在产品生命周期的成熟阶段,因此大部分彩票营销机构要处理的是成熟期彩票玩法的问题。

(4) 第4个阶段衰退期。大部分体育彩票玩法的销量最终都会下降,有些玩法销量会慢慢衰退,有些玩法的销量会急剧下跌。销量可能下降到零,或者下降到某个水准之后再在那儿持续多年,这就是衰退期。随着科技的发展以及彩民购买习惯的改变,一些玩法的销量持续下降,不能适应彩票市场的需求。同时,彩票市场出现一些玩法更好、趣味性更强的新产品,用以满足彩民的需求。此时,体育彩票发行机构就会停止销售某些彩票玩法,最后直至完全退出体育彩票市场。

2. 体育彩票玩法生命周期各阶段的营销策略 研究体育彩票玩法的生命周期是为了认识其不同阶段的不同特点,为制定相应的营销策略打下基础,以便促进彩票玩法的更新换代。

(1) 导入期营销策略。导入期是产品生命周期的关键时期。如果新玩法不能在投入期被彩民接受,就很可能导致新玩法开发的失败。该时期体育彩票营销管理部门的主要策略是促销策略,主要体现在宣传、推广和市场开拓上。体育彩票机构要通过广告宣传和采用市场推广措施,从整体上包装宣传新的玩法,让更多的人认识并接受彩票的新玩法。这时的宣传内容主要是让彩民了解和认识新的玩法,把新玩法的特点和好处介绍给彩民,让彩民接受这种玩法,激发彩民的购买欲望。

(2) 增长期营销策略。新玩法经过导入期之便进入成长期。经过导入期的宣传推广,彩民对新玩法已经熟悉和了解,对其也已经逐渐地接受,形成了很大的市场需求,销售额迅速上升。

但是由于原来的销售基数小,尽管增长速度加快,销售额仍然较低。为了实现销售额的迅速增长,这时广告和宣传应由对产品的基本玩法的介绍转变为产品利益的深入介绍,促使彩民购买。同时逐渐培养彩民对这种玩法的浓厚兴趣,努力树立该玩法的良好形象,培养彩民的忠诚度。

(3) 成熟期的营销策略。新玩法进入成熟期,产品已被大多数的潜在彩民所接受,销量增长速度已经放慢,并逐渐出现下降趋势。因此,该时期的主要任务是巩固原有的市场并使其进一步扩大,以此来延长成熟期。可努力开发新的市场,保持和扩大现有彩票产品市场份额;努力寻找市场中未被开发的部分。例如,扩大彩民队伍;通过宣传推广,促使彩民更频繁地购买彩票,以增加现有彩民的购买量;赢得竞争者的消费者等。

(4) 衰退期的营销策略。衰退期的特点是大多数彩民已经不喜欢这种玩法,销售额快速下降。这一时期营销策略的核心是要转产新产品和开发新玩法。这一阶段可采取以下策略:尽快推出新的游戏玩法,以替代衰退的产品;停止对衰退彩票玩法的宣传推广,集中资源宣传其他有前途的产品项目;如果该种玩法还受某些细分彩民的欢迎,就加强对这些细分市场的宣传和服务。

**(三) 体育彩票新玩法开发**

不断丰富彩票品种,提高彩民购买彩票兴趣,是国际上所有彩票发行部门所共同实施的一项策略。彩票公司往往都有自己的产品开发部门,并且会定期推出新的游戏品种,满足彩民多元化的购买彩票需求。在美国密歇根州,即开型彩票是该州销量增长速度最快的一类彩票,州彩票发行公司为了不断迎合彩民的需求,2010年几乎每周都要推出一款新的即开型彩票。美国加利福尼亚州从1985年10月开始发行彩票,从发行之初的只有一种即开型玩法"California Jackpot",到如今已涵盖所有彩票类型;抽奖型的游戏也从最初的只有"49选6"1种类型发展到如今的7个品种,彩民的购彩需求不断得到满足。我国体育彩票从发行之初的只有即开型和传统型两种,到如今几乎涵盖包括竞猜型、即开型和数字型等在内的所有彩票类型,这也是不断满足我国体育彩票彩民竞猜需求的过程。

新玩法的开发是一项风险大且非常复杂的工作。体育彩票新玩法的开发虽然成本不大,但如果开发失败,会对体育彩票的声誉以及其他品种的销售造成不良影响,因此,为了达到预期结果,体育彩票的新玩法开发必须按照科学的程序,一般包括8个步骤:创意搜集、创意筛选、概念的形成和测试、市场营销战略的制定、商业分析、产品研制、产品试销和正式上市。

## 二、体育彩票价格策略

**(一) 体育彩票定价需要考虑的因素**

价格是体育彩票营销组合中唯一能创造收益的因素,其他因素都代表着成本;价格也是体育彩票营销中比较灵活的因素之一。

1. 体育彩票发行的目的　我国彩票发行的公益性目的决定了在对体育彩票定价时不能以利润最大化为基础。新颁布的《彩票管理条例》明确定义了彩票是指国家为筹集社会公益资金,促进社会公益事业发展而特许发行、依法销售,自然人自愿购买,并按照特定规则获得中奖机会的凭证。政府管制和定价的出发点是抑制彩票的负面影响,明确彩票的公益性目的,使彩票筹集公益金最大化,最大限度地福利社会。

2. 体育彩票行业的特殊性　体育彩票行业的特殊性决定了彩票的单位价格必然低至对彩民日常生活和消费几乎不形成负担,但彩票的附加价值和附加利益却具有不确定性。体育彩票的价格不能完全按照一般商品的成本计算方式来计算,彩票的成本主要是研究开发与发行成本,且发行成本主要包括管理费用、印刷费用、促销费用及销售环节的其他费用等。

3. **社会经济发展水平** 一个国家的经济发展水平对彩票的定价也具有决定性的作用。纵观世界各彩票发行国家,社会经济发展水平越高,彩民对面值相对较高彩票的接受程度越高,购买彩票心理也相对健康,参与人数占总人口的比例也越高。如目前美国最高的即开型彩票票面价格为50美元,美国密歇根州推出50美元即开票"超级抽奖"时曾饱受质疑,但是该州彩票公司总裁加利·皮特斯就表示:"为了刺激新的抽奖玩法销售,将50美元'超级抽奖'的返奖率比20美元'百万富翁抽奖'高出9个点,大派送之下不愁没有识货彩民。"

### (二)体育彩票定价策略

由于彩票行业的特殊性及彩票的特殊商品性,使其与一般商品在定价方面有着很大的不同。彩票的市场价格是事先就按照固定面额发行和销售的,并且不能完全由市场的供求关系等进行事后调节。体育彩票的定价方面主要采取以下几种策略。

1. **低价策略** 体育彩票的低价策略即以较低的价格进行彩票的促销。体育彩票最大的特点是门槛低、头等奖奖额高和中奖概率小。从定价的角度看就是购买彩票费用的超低价。低价策略有利于实现购买彩票的广泛性、参与性,有助于开拓彩票市场。如在英国,1997年所有即开型彩票票面价格均为1英镑,国家彩票运营商Camelot公司为了开拓即开型彩票市场,对即开型彩票采取了不同的定价策略,将票面定为1英镑、2英镑、3英镑和5英镑。

2. **以价值为基础的定价策略** 以价值为基础的定价是基于彩民对体育彩票价值的看法,而不是体育彩票的成本作为定价的关键因素。该策略是针对彩民的不同消费心理,制定相应的彩票价格,以满足彩民需求的定价策略。例如,不同彩民群体对所购买彩票价格的心理定价各不相同,对中奖奖金的心理预期也不同,表11-2显示不同国家不同彩民群体对即开票的价格预期。

表11-2 不同国家彩民对不同价位即开票头等奖奖金的期望值(单位:美元)

| 即开票票价 | 美国 | 加拿大 | 澳洲、欧洲、非洲 |
| --- | --- | --- | --- |
| 5 | 10 000 | 50 000 | 50 000 |
| 10 | 35 000 | 100 000 | 100 000 |
| 20 | 100 000 | 1 000 000 | 500 000 |

## 三、体育彩票促销策略

1. **体育彩票促销内涵** 彩票作为一种产品,像任何一种商品一样被巧妙经营。体育彩票促销是体育彩票机构通过人员和非人员的方式,沟通、传递体育彩票机构和彩票的存在及其品种、特征等信息,帮助彩民认识体育彩票所带来的利益,从而达到引起彩民注意,使其产生兴趣并采取购买行为的过程。

2. **体育彩票促销组合** 体育彩票促销组合,是指体育彩票机构根据体育彩票玩法的特点和营销目标,在综合分析各种影响因素的基础上,对各种促销方式的选择、编配和运用。根据促销过程所用的手段,促销可分为人员推销、广告、销售促进和公共关系等几种。本章只对广告、公共关系等方式进行简要介绍。

3. **体育彩票广告策略** 广告在体育彩票的促销中,作用主要表现在传播信息、促进销售、引导消费、美化生活和增长知识等方面。

在世界范围内,彩票经营者一般都会把收入的1%~1.5%拿出来做广告。电视以其广泛的影响力而成为彩票经营者推广和促销彩票所中意的媒体。印刷品广告可以向具有一定文化程度的消费者推介新游戏,甚至可以提供关于游戏规则的信息。户外广告行之有效,被用作一种补充的广告形式,它给开车人以强烈的视觉震撼,可以提醒人们正在不断增加的总奖金额,以及新上市的游戏。卖点广告(即在销售点张贴广告)可以吸引到投注站的玩家踊跃购买彩票。卖点广告会让人们立刻想到媒体中不断播放的彩票广告,人们会因为彩票可能带来的利益立刻产生购买欲望。我国体育彩票近10年来也开始注重体育彩票的推广与宣传。如"体育彩票,国家公益彩票"是国家体彩中心为宣传体育彩票的国家公益性而进行播放的电视广告。

  4. 体育彩票公共关系  体育彩票公共关系是指体育彩票机构在从事体育彩票营销活动中,建立并保持与社会公众的交流、理解与合作,树立良好的体育彩票机构形象,从而促进体育彩票销售,有利社会公益的传播活动。公共关系在体育彩票促销中具有特别重要的作用,不仅能改善体育彩票机构与社会各界的沟通和联系,树立良好的社会形象和信誉,促进体育彩票的品牌形象的提升,而且在克服突发性事件对体育彩票营销活动的影响方面也有其独到的功效。

  体育彩票机构建立良好公共关系的方法主要包括以下几类。

  (1) 利用新闻媒体进行宣传。体育彩票机构可以向新闻媒体投稿传播体育彩票及其产品的信息,或召开记者招待会、新闻发布会和新产品信息发布会,或邀请记者写新闻通讯、人物专访和特写等。

  (2) 参与各类公益活动。我国彩票发行20余年来,已筹集公益金超过2 300亿元,为我国社区的发展做出了卓越的贡献。在教育方面,体育彩票公益金援建"体彩希望小学",国家体育彩票管理中心还于2005年同中国扶贫基金会合作设立了"中国体育彩票·新长城助学基金",用于每年捐助100名全国各地推荐的优秀特困大学生的生活费用。在国家面临严重自然灾害的时候,彩票公益金可对社区的灾后重建发挥非常重要的作用。2008年,中国发生汶川大地震,国家体育彩票发行中心从2008年7月1日起至2010年12月31日的即开型体育彩票"顶呱刮"公益金全部用于汶川地震灾后恢复重建,并在"顶呱刮"中推出"大爱无疆"公益主题套票。这些彩票公益金对灾后重建起到了重要作用。

  (3) 举办各类专题活动。此类活动包括体育彩票新玩法发布会、老产品周年纪念、有奖评优、烟火展示、参观访问、挑选形象大使等。通过这些活动可以扩大体育彩票的影响,加强同外界公众的联系,树立良好的品牌形象。如国家体彩中心曾聘请多位奥运冠军张怡宁、杜丽、朱启南、何雯娜、邹市明等作为体育彩票公益形象大使,很好地提升了体育彩票的品牌形象。

  (4) 刊登公共关系广告。这种类型的广告形式很多,如介绍体育彩票活动的广告、节假日庆贺广告、向公众致意或致歉的广告、鸣谢广告等。公共关系广告与一般商业性广告有很大不同,它不直接介绍产品,其作用主要是塑造良好的企业形象,促进公众对企业的了解,进而推动商品的销售。

**相关链接**

### 新游戏推广

  国外彩票经营者也会采取各种不同的手段对新游戏进行推广,以扩大它们的知名度和影响力。例如,为了发售"超级7"彩票新玩法,安大略彩票公司举行了一个大型的系列促销活动,其中包括壮观的飞行表演、焰火晚会以及"超级7"的仿真情景剧。上市庆典是以著名飞行员的飞行表演为序幕。飞行员和飞机一起为观众们表演了令人眼花缭乱的特技飞行动作,并用飞机尾气在天空中写下了一个巨大的"7",就像"超级7"在电视上出现时的标志一样。这样做的结果是,这次飞行表演在彩票即将上市的5个地区,都上了报纸的头条。美国科罗拉多州的经营者则和3家地方电视台联合策划了一档关于即开新票"独占鳌头"游戏规则的竞赛活动。这次活动在彩票上市日的 3 周前推出,借以激发消费者对于新游戏的浓厚兴趣和购买欲望。电视观众只要打电话到"软新闻"栏目组,回答一些关于即开新票"独占鳌头"的简单问题,答对者就有可能在巨大的"独占鳌头"板上玩一次有现金奖励的游戏。这个板就设在丹佛的一个大商场里。这次竞猜活动被丹佛当地电视台转播,然后通过 NBC 新闻频道向全国直播。

### 四、体育彩票分销策略

#### (一) 体育彩票分销渠道的含义

体育彩票营销目标的实现最终是要通过彩民消费体育彩票产品和服务的行为来达到。这样,以体育彩票机构为主导的分销渠道系统就成为体育彩票价值转移的载体。体育彩票分销渠道是指体育彩票机构通过管理和控制一定的组织,使体育彩票产品和服务的价值得以实现的载体。该定义包含以下几层含义:首先,体育彩票分销渠道是一个需要管理和控制的完整整合系统;其次是体育彩票机构是体育彩票分销渠道的主导;第三,体育彩票分销渠道的客体是体育彩票的产品和服务;第四,体育彩票分销渠道是实现体育彩票产品和服务价值的载体。

#### (二) 体育彩票分销渠道的构成

体育彩票分销渠道是一个由销售设备提供商、体育彩票材料提供商、体育彩票机构、体育彩票销售网点、彩民和其他对实现体育彩票成功分销起重要作用的专业合作伙伴而形成的一个关系系统(图 11-4)。

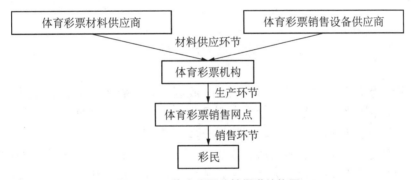

图 11-4 体育彩票分销渠道结构图

#### (三) 体育彩票分销渠道经营模式

1. **专业经营模式** 是指体育彩票机构通过专门体育彩票销售网点销售体育彩票的经营模式。该销售网点只销售体育彩票。该模式强调良好的环境以及丰富的资料,硬件配置高,可以给彩民提供更好的服务,有走势图、茶水、个别的还有电脑、空调等,非常利于留住彩民、促进彩票的销售,同时也比较利于体育彩票品牌的形象建设。然而专营店存在着一个不可避免的弊端,即降低了购买的便利性,而购买彩票作为一种偶发性很强的活动,便利性是一个很重要的要求。

2. **兼职经营模式** 是指体育彩票机构通过与其他行业零售商的合作销售体育彩票的经营模式。兼营模式可以方便彩民的购买,同时使彩票与其他商品的销售达到"双赢"。在国外,彩票销售网点更多的是采取兼营的形式,将彩票销售网点与其他形式的经营实体结合在一起,以达到"多赢"的局面。这些经营实体主要包括邮局、糖果店、烟杂店、报纸杂志销售摊、酒吧、加油站等地方,方便了彩民的购买。在英国,约有 28 000 个彩票销售网点,这些销售网点采取不同的经营形式。经过零售商渠道销售的英国国家销售网点分布情况如下：①大约 26 000 个在线终端(OLTs)销售在线彩票和即开型彩票；②大约 1 500 个只销售即开型彩票的终端(GVTs)；③电子销售终端；④非连锁经营的零售店，数量占所有销售网点的 60%；⑤连锁经营的零售店（如超市等），数量占到所有销售网点的 40%。英国国家彩票非连锁经营与连锁零售店之间的比例关系如表 11-3 所示。

表 11-3　英国国家彩票非连锁经营与连锁零售店所占的比例

| 年　份 | 非连锁经营零售店所占比例(%) | 连锁经营店所占比例(%) |
| --- | --- | --- |
| 2004/2005 | 61 | 39 |
| 2003/2004 | 64 | 36 |
| 2002/2003 | 66 | 34 |
| 2001/2002 | 66 | 34 |

注：数据来源于 2006 年英国 Camelot 国家彩票年度报告

在英国，邮局拥有最大数量的彩票终端（包括 OLT 和 GVT），共有 9 600 个销售点；其次是 CTNs（包括糖果店、烟杂店、报纸杂志销售摊），有 9 000 个销售点；便利店有 8 000 个销售点；超市有 3 600 个。这 4 种类型的销售点在数量上占所有销售点的 80% 以上。在所有销售形式中，超市的销量最高，它的数量占到所有销售点的 10%，却拥有 20% 的销售量。在彩票发行的第一大国美国，它们各个州的彩票经营形式也是以兼营为主，如伊利诺斯州共有 7 761 个彩票销售点，分布在汽车加油站、食品杂货店、便利店、烟酒店、酒吧和餐馆等地。

# 本 章 小 结

体育彩票同一般商品一样也具有营销活动。我国对体育彩票的定义具有鲜明的中国特征，反映了彩票发行的部门性质。目前国际上主要是采用游戏方式来划分彩票种类，可分为传统型彩票、即开型彩票、乐透型彩票、数字型彩票和透透型彩票等五大类。

体育彩票营销是指体育彩票机构通过竞争，更好地满足彩民及利益相关群体的需求，以获得所需所欲的一种社会及管理过程。体育彩票营销环境是指在营销活动之外，能够影响体育彩票营销部门建立并保持与彩民良好关系的能力的各种因素和力量。营销环境既能提供机遇，也能构成威胁。体育彩票营销环境由宏观环境和微观环境组成。体育彩票营销组合策略包括玩法策略、定价策略、促销策略和分销策略。

## 思考题

1. 试述体育彩票特殊的商品性。
2. 体育彩票营销和一般产品营销有何异同？
3. 体育彩票营销的宏观环境和微观环境之间有何关系？
4. 简述体育彩票的营销组合策略。

# 第十二章 体育用品营销

**本章要点**
- 体育用品营销概念
- 体育用品的市场特征
- 体育用品营销策略

> **案例导读**
>
> 我国已成为世界前列的体育用品生产基地和主要消费市场,同时大量国际知名体育品牌纷纷涌入我国市场,我国的体育用品市场已经形成了国际竞争态势。从美国市场研究机构《体育用品情报》(SGI)的调查表来看,耐克2007年底市值为320.39亿美元,依然是全球体育用品公司中当之无愧的老大,阿迪达斯、彪马分别排在第二、三位,紧随其后的李宁公司2007年底的市值达到了38.61亿美元。据《第一财经日报》的调查,2010年度耐克在大中国区的收入为18.64亿美元,约合人民币120亿元,李宁公司为96亿元人民币,与耐克还有很大的差距。我国体育用品企业的品牌竞争力仍然逊色于国际知名品牌,跨国品牌掌握着市场财富的优先分配权。

## 第一节 体育用品营销概述

我国体育用品从20世纪50年代的"以需定产,按需分配"的封闭式管,逐步形成了一个适应全球经济变化,以品牌区分为竞争标志和品牌经济的完全竞争局面,中国体育用品业得到了长足的发展。随着现代体育运动的蓬勃发展和体育市场营销的逐渐发展,我国体育用品营销作为现代市场营销的一部分,开始受到重视。

### 一、体育用品营销的定义

体育用品营销是指为某一体育用品公司或企业的产品的生产、定价、促销、渠道等设计和实施的活动过程,目的在于满足消费者进行体育教育、竞技运动和身体锻炼的需求或欲望,并达成公司目标。

## 二、体育用品营销的发展

### (一) 我国体育用品市场结构特征

《产业经济学》教材中阐述,完全竞争市场结构是一种理想的市场结构,现实生活中基本不存在。我国体育产业市场集中度低,中等产品差别化,产业的进/出壁垒较小,这些因素致使我国体育用品产业市场结构的特征呈现出一种完全竞争的市场结构的特征。

(1) 我国体育用品产业市场集中度属于低集中度。我国体育用品产业市场的中低集中度主要是我国体育用品产业规模不经济长期发展的结果,这与我国的制酒业、保险业、旅游业等许多其他产业一样,它们大多处于中低集中度的产业市场。产业内企业数量众多,市场销售额所占整个产业销售额比较小,产业内多数企业发展处于规模不经济的发展阶段,是这些产业的共性。

**相关链接**

市场集中度(concentration ratio),是指用于表示在特定产业或市场中,买者或者卖者具有什么样相对规模结构的指标,同时,也是判断产业组织垄断竞争程度的指标。一般来说,市场集中度越高,垄断程度也越高,反之亦然。贝恩是最早使用这一指标对产业的垄断和竞争程度进行分类研究的学者。

(2) 中等产品差别化。产品差别化一般有以下 6 个方面:产品主体差异化、品牌差异化、价格差异化、渠道差异化、促销差异化和服务差异化。我国体育用品市场结构现状主要由于产品主体差异化不高、品牌差异化大、促销差异化低和价格差异化低造成了产品差别化居于中等的原因。

**相关链接**

产品差别,是指同一行业市场内各企业提供的产品具有的不完全替代性或者特定企业的产品具有独特的可以与同行业其他企业产品相区别的特点。这种差别化具有能引起消费者偏好的特殊性,使顾客能够把它同其他竞争性企业提供的同类产品有效地区别开来,从而带来市场的不完全竞争,可以使企业在市场竞争中占据有利地位的目的。产品差别化是一种非常有效的非价格竞争手段。按形成产品差别的原因来划分可分为两类:一类是客观的产品差别;另一类是主观的产品差别。

(3) 产业的进/出壁垒较小。从 20 世纪 70 年代到 21 世纪初我国体育用品企业数量增长率都在 13.1% 左右。因此,对体育用品业来讲进退壁垒是非常重要的。在对市场结构的分析中,市场壁垒是与产品差异化和市场集中度同等重要的一个因素。这一因素是从新企业进入市场的角度考察产业内原有企业和准备进入企业之间的竞争关系,以及最终反映出来的市场结构的调整和变化。产品差别化中产品销售所造成的进入壁垒会阻碍一部分进入企业,绝对成本与规模经济不能成为阻碍进入企业的壁垒。因此,我国体育用品产业的进入壁垒比较低。此外,由于资产专用性比较小,解雇费用影响较小,所以,退出壁垒的作用也比较小。

**相关链接**

产业经济学大师贝恩在他的著作《对新竞争者的壁垒》一书中指出,进入壁垒是"和潜在的进入者相比,市场中现有企业所享有的优势。这些优势是通过现有企业可以持久地维持高于竞争水平的价格而没有导致新企业的进入反映出来的"。也就是说,进入壁垒是指"潜在企业"或新企业在同原有企业竞争中所遇到的不利性障碍因素。一般来说,进入壁垒由阻止进入策略行为、政策法律制度、产品差异化、规模经济、绝对成本优势这5个因素组成。

### (二)我国体育用品营销的发展

我国体育用品发展时间较短,营销手段和营销理念皆滞后于国外体育用品业的发展。新中国成立60余年以来,我国体育产业所创造的价值逐年增加,已成为我国的经济支柱产业之一。在我国,体育产业发展的时间较短,大致分为4个阶段。前30年为改革开放前期。此阶段体育产品行业还未形成规模,发展滞后,只能称其为产品生产行业的一个分支。1979~1992年为初期发展阶段。一些老体育用品生产企业借助改革春风开始介入体育品牌的批量生产,并带动了一批新企业的涌现。1992~2001年,我国体育品牌进入国际体育用品的市场,并形成了一定的产业规模。此时的品牌代表有"李宁"等。2001年至今,在北京奥运会的申办和举办的推动下,我国体育用品行业进入快速发展期,并在世界体育用品行业中确立了行业地位。此时的品牌代表为安踏、乔丹、361°等。随着中国体育用品业的迅速发展壮大,它已成为中国的经济支柱之一,但是所采取的生产模式基本一致,这就导致本土品牌间的差异不明显,品牌价值几乎相当,所以我国体育品牌面对的统一问题就是怎么样去做好营销环节。

## 三、体育用品营销的特征

体育用品营销与传统营销方式相比,主要有以下特征,这些特征为体育用品营销创造了无与伦比的传播效果。

### (一)长期性与系统性特征

体育用品在营销中将品牌文化与体育文化有机融合在一起,企业通过体育这一人类共同的情感归属运动,实现零壁垒产品推广和品牌营销。成功的体育用品营销将品牌内涵与特定某项体育赛事的精神有机地整合为一体,对体育爱好者产生潜移默化的影响,从而实现高品牌认知度,达到有效传播的目的。因此,体育用品营销是一个长效持久的过程。体育明星代言视为当今行之有效的营销手段,知名品牌公司以长远的投资眼光密切关注该明星的职业发展规划和赛事表现,将明星的个人气质与企业文化进行无缝对接和整合,以同一种声音和精神向目标受众传播同一种信息。

**相关链接**

安踏是中国各项专业赛事的忠实合作伙伴。安踏长期支持中国男子篮球职业联赛(CBA)、中国男女子排球联赛和中国男女子乒乓球超级联赛等赛事,被誉为"中国联赛的发动机"。2004年10月,安踏斥巨资连续3年赞助中国篮球职业联赛,成为CBA职业联赛运动装备唯一指定合作伙伴。据介绍,包括投入在产品研发、市场推广等项目的费用,安踏赞助CBA的费用投入预计将超过1.2亿元。

## （二）互动性与体验性特征

我国已经跨入体验经济时代，消费者渴望从体验和互动中感受产品带来的价值和乐趣，这一特征带动了营销领域的新一轮变革，体育营销即是变革的产物。体育营销使受众在参与体育赛事的同时将对体育的热爱投射到企业所宣传的产品和品牌中，如参与美国职业篮球联赛（NBA）直播活动，赢取球星战靴活动等反映了体育营销的互动性和体验性特点。

## （三）公益性特征

体育作为全世界人民共同热爱的活动，是实现无声交流的重要手段。体育营销是品牌营销的顶级阶段，文化性、公益性以及广泛性是其核心，作为富有文化特征的营销模式，体育营销为各大主体提供了精神传递与文化交流的平台。

**相关链接**

本着"源于体育，用于体育"的精神，李宁一直积极地支持着国内外的体育事业。在北京申奥的过程中，李宁公司就是一个热心的赞助商，申奥成功之后，李宁公司仍一如既往地去推动中国体育事业的发展。此外，李宁本人也非常热心于公益事业。李宁亲自担任了"中华骨髓库"大使；是"中华健康快车"慈善基金会理事与大使，帮助贫困落后地区的白内障患者恢复视力；亲自参与"护鲨行动"，号召全社会保护野生动物；创立了"中国运动员教育基金会"，致力于运动员的职业技能培训及建设中国运动员希望小学；创立"广西李宁基金会"及"振梅基金会"，致力于广西地区的教育、体育和救灾等公益事业。据《胡润慈善榜》不完全统计，在2008年、2009年两年，李宁对公益慈善事业的投入分别达到1.01亿元及1.1亿元。

## （四）国际竞争特征

一家国际赞助调查机构的问卷调查显示：奥运会的五环标志比任何一家企业标志都更能给人留下深刻的印象，被选为奥运会指定赞助商就意味着该产品是世界知名的产品，这无疑会提升企业和品牌的形象。第28届雅典奥运会上，中国代表团的健儿们身着"李宁"领奖装备登上奥运领奖台，无疑有着非常强烈的品牌效应。李宁牌终结了中国运动员穿外国运动品牌登台领奖的尴尬历史，它已经是连续5次为国家奥运健儿提供领奖装备，它产生的品牌效益是无可估量的，对李宁牌保持其地位也有很大帮助。

# 第二节 体育用品的分类及营销方式

营销是伴随着商业发展而兴起的一种商业活动过程。Bartei（1988）在其著作中提出，营销是"改革国家经济并逐渐对全世界产生影响"的重要因素。作为一种商业活动，营销主要是随着对人们购买什么，愿意支付价格，想在何处购买产品以及他们如何受促销策略和信息等影响的研究而发展前进。

## 一、体育用品的分类

目前，国内对于体育用品的分类主要用于商业目的，采用国家体育总局装备中心所编辑的《中国体育商鉴》和几届体育用品博览会对体育用品参展单位的分类标准（表12-1）。

表 12-1 我国对体育用品的分类一览表

| 产品类别1 | 产品类别2 | 产品类别3 | 产品类别4 | 产品类别5 |
|---|---|---|---|---|
| 运动器材及设备 球类器材设备 | 运动器材及设备 球类器材设备 | 健身器材及用品 运动服装及鞋帽 | 球类器材设备 专项运动器材及设施 | 球类器材设备 专项运动器材及设施 |
| 服装、运动鞋帽 运动鞋袜 | 服装、运动鞋帽 运动鞋袜 | 垂钓用品 体育场（馆）设备、设施及辅助器材 | 服装帽类 场（馆）及娱乐设施 | 服装帽类 场（馆）及娱乐设施 |
| 健身器材 | 健身器材及附件 | 乒乓运动器材及用品 | 运动鞋袜 | 运动鞋袜 |
| 渔具 | 渔具 | 台球运动器材及用品 | 健身器材及附件 | 健身器材及附件 |
| 娱乐及场地设备 | 娱乐及场地设备 | 足、篮、排运动器材及用品 | 运动护具 | 电子科研器材 |
| 户外运动、旅游休闲装备 | 户外运动、旅游休闲装备 | 羽毛球、网球运动器材及用品 | 电子科研器材 | 运动护具 |
| 运动装备及奖品 | 生产线 | 旅游类用品 | 运动保健用品 | 户外运动、旅游休闲装备 |
| 运动保健用品 | 电子科研器材 | 田径、体操、武术运动器材及用品 | 奖杯奖品纪念品 | 运动保健品 |
| 裁判教练用品 | 运动保健用品 | 棒、垒、保龄、高尔夫球运动器材及用品 | 户外运动、旅游休闲装备 | 奖杯奖品纪念品 |
| | 运动护具 | 游泳、冰雪运动器材及用品 | 文化企业 | 原材料 |
| | 原材料 奖杯奖品纪念品 裁判教练用具 | | 原材料 渔具 裁判教练用具 | 裁判教练用具 渔具 |

### 相关链接

欧洲体育用品分类如表 12-2 所示。

表 12-2 欧洲体育用品分类一览表

| 分类 | 产品名称 |
|---|---|
| 运动服装 | 田径服；户外运动服装；防水服；足球运动服装；游泳服；冲浪及滑雪服装；有氧运动、健身运动、球拍运动、高尔夫、雪上运动及其他运动服装 |
| 运动鞋 | 跑鞋；户外运动靴；足球鞋；有氧运动、健身运动、球拍运动、高尔夫、雪上运动及其他运动鞋 |
| 体育器材 | 高尔夫、健身运动、有氧运动、球拍运动、球类运动、滑冰运动装备；集体项目运动、户外运动、乒乓球、水上运动、冰雪运动、球杆运动、飞镖、野营运动及钓鱼设备与用具 |

## 二、体育用品营销的方法

在买方市场条件下，消费者掌握选择的主动权。营销策略就是企业以顾客需要为出发点，根据经验获得顾客需求量以及购买力的信息、商业界的期望值,有计划地组织各项经营活动,通过相互协调一致的产品策略、价格策略、渠道策略和促销策略,为顾客提供满意的商品和服务而实现企业目标的过程。企业必须将顾客的需求和利益最大化放到同等的位置,形成现代企业营销的理念。产品的质量、定位、理念、促销等显得格外重要。

### (一) 产品质量及高科技含量

体育用品的质量是品牌的生命,它是衡量品牌价值标准最重要的指标。一流的品牌质量管理,才能创造出一流的品牌产品。因此,品牌质量是品牌的支撑点,是品牌最基本最重要的保障。知名的品牌经过岁月的洗礼,经过激烈的市场竞争,必然会在消费者心中形成过硬的质量信誉。产品的质量是顾客评选心目中知名品牌的最重要因素之一,提高顾客感知的质量,有利于增强产品质量对顾客的吸引力,增强顾客购买产品的愿望,建立良好的顾客信誉。产品的质量诚信不仅决定企业的竞争力和生存发展,而且关系到消费者的切身利益,关系到"中国质选"的品牌形象和可持续发展。

名牌产品都存在一个技术品质问题,即所创造的品牌必须在与同类产品的比较中具有较高的科技含量或技术水平。增加产品的科技含量,加强高附加值产品的攻关,尤其是国际竞赛器材的研制,是我国体育用品行业创造国际名牌的基础。

**相关链接**

2010年9月8日,运动鞋企业李宁宣布与澳大利亚高科技体育品牌SKINS公司展开合作,在中国市场推出LI-NINGSKINS专业梯度压缩运动装备,开启了国内体育品牌与国际高科技体育品牌营销和研发合作的先河。李宁首席执行官张志勇先生表示,双方的合作将为中国填补这一市场空白,并有助中国运动员受益于科技助力,实现更高极限的挑战。LI-NINGSKINS梯度压缩运动装备利用生物加速技术,并结合特殊科技面料,以针对不同部位的独特剪裁加强肌肉力量、降低肌肉震颤、加强体内血液循环,防止乳酸堆积,并最大化地帮助身体在不同的环境条件下保持恒温,同时还具有UPF50+的防紫外线功能。

### (二) 体育用品品牌

体育用品品牌主要是指与用于体育用品生产和销售的商品品牌。国际上与体育用品有关的品牌数量众多,其中许多已成为世界著名品牌。例如,耐克(NIKE)、阿迪达斯(ADIDAS)等,以其优良的商品品质和丰富的体育文化内涵而深受广大体育爱好者的喜爱。

1. **精准的品牌定位** 品牌定位是指为自己的品牌在市场上树立一个明确的、有别于竞争对手的、符合消费者需要的形象,目的是在消费者心中占领一个有利的位置。

错误的定位是最大的浪费,精准的定位则是最好的决策。例如,耐克把品牌的目标消费群定位在15～25岁的男女青年上,并很好地完成了品牌形象与目标消费群的结合。在实施品牌定位时主要是从形象、观念、价格、功效等几个方面的因素考虑。

2. **清晰的品牌理念** 体育用品企业要想在激烈的国内外市场竞争中求得发展,实现自己既定的宗旨和目标,品牌化运营是不二选择,同时也是严峻考验。品牌化运营绝非简单等同于各种推广活动,而是一项系统工程。品牌理念是产品/企业在与消费者建立关系的过程中提出的观念体系。它使产品/企业区别于竞争对手,并使其在精神层面上为消费者所识别和接受。这就意味着,品牌理念承担着"促使消费者对产品/企业的价值主张产生深度认同及情感共鸣"的使命,而价值主张直接决定于企业的愿景及使命。品牌理念决定着品牌形象的文化品位和档次,反映了企业的追求和精神境界。

**(三)体育用品销售模式**

1. 体育用品网络营销模式　当今这个网络技术迅速发展的时代,互联网以灵活快捷的特性,不断地改变着人们的生产和生活方式,极大地方便了人们的需求,也改变了传统的营销模式,促进了经济社会的发展。

**相关链接**

截至2007年6月,中国网民人数已经达到1.62亿,仅次于美国2.11亿的网民规模,位居世界第2。比2006年年末新增了2 500万网民,与2006年同期相比,网民数一年内增加了3 900万人。从中国网民年龄结构分析,1.62亿网民中,25岁以下占51.2%,30岁及以下的网民比例甚至达到了70.6%,而这个年龄段的人群正是体育用品消费的主要群体,这也为通过互联网开展有效的营销活动奠定了基础。

(1) 网络营销和体育网络营销:网络营销是以因特网作为媒介来开展交易和实现盈利的活动。将体育营销构筑在网络的基础上的先进营销手段即是体育网络营销。

体育网络营销是一个新的知识领域,体育企业大多是通过建立网站来对自己的品牌进行定位,在因特网上发展自身和积累网上营销的经验,建立客户忠诚,开展"一对一"的营销以及降低整个组织的运行成本。

(2) 网络营销的特征:

1) 网络互动式营销:网络营销能够帮助企业寻找到能同时最大化地满足客户需求和实现企业利润的决策。网络营销的互动性能够有效地提高客户在贸易活动中的地位,加强客户的参与性和主动性,促进企业和客户的关系更加密切和牢固。

2) 网络定制营销:随着网络营销逐渐应用到体育用品市场,企业和客户之间的相互了解程度必然会逐渐加深,传统的大量销售将会逐渐转变为定制销售。

3) 客户是主动方:网络营销与传统的营销方式最显著的区别在于营销的主动方不同。广告和推销是最常见的两种传统营销手段,其主动方都是企业。但是网络营销的主动方却是客户。

**相关链接**

2009年匹克品牌销售网点为6 206家,到2010年年底销售网点达7 224家,比前一年度净增1 018家。其中旗舰店19家,基础店4 549家,百货公司及体育专柜2 622家,2010年开设篮球主题店34家。按城市大小来看,在一线城市398家,二线城市1 523家,三线城市5 303家。2010年匹克完成信息化资讯管理系统(MIS),从而实现销售网点与总部的实时沟通,总部能及时收集销售数据和反馈意见,已建链接1 323家。而在海外市场主要通过批发形式销售匹克产品:①海外客户通过集团网站或集团参加国际展销会或订货会。②将产品出售海外分销商,再出售给客户、零售商、体育团队、俱乐部。2010年7月,与淘宝网组成合作伙伴,开始涉足电子商贸市场,以传统销售终端与电子商贸平台并举,拓展销售网络,为消费者提供全面、优质、便捷的服务。

2. 体育用品特许连锁经营模式　20世纪50年代,麦当劳、肯德基引入连锁经营体系,公司得到迅速发展的同时完善了连锁经营业态。20世纪60～70年代,连锁经营以其特有的生命力,冲破贸易保护主义的篱笆,从美国向世界各地蔓延。特许经营是一种在国外已相当成熟的商业经营模式,从20世纪70年代起在我国也开始迅猛发展。据不完全统计,我国目前有特许经营体系近2 000个,加盟店8万余家,从业人员2 000余万人,涉及50多个行业。

(1) 特许连锁经营模式:是指特许者将自己所拥有的商标、商号、产品、专利和专有技术、经营模式等以特许经营合同的形式授予被特许者使用,被特许者按合同规定,在特许者统一的业务模式下从事经营活动,并向特许者支付相应的费用。由于特许企业的存在形式具有连锁经营统一形象、统一管理等基本特征,因此也称之为特许连锁。

(2) 特许连锁经营的形式:

1) 直营连锁(或正规连锁,简称RC),即所有的店铺(store)都是由同一经营实体-总公司所有(company owned)。

2) 自愿连锁(或自由连锁,简称VC),即各店铺资本所有权独立,采用共同进货,协议定价的一种商业横向联合。

3) 加盟连锁(或特许经营,契约连锁,特许连锁,简称FC),即以单个店铺经营权的授权为核心的连锁经营,也就是特许经营。

3. **体育用品团购经营模式** 中国最早出现团购是公司为了降低成本而集合所有子公司进行采购。而发展到目前"个人层面",得归功于互联网,由业内有影响的个人或专业的团购服务公司(团购网站)进行召集,将有意向购买同一产品的消费者组织起来,大量向厂家或总代理进行购买行为,从而在保证质量的情况下,获得消费资产增值和服务保障;也可自发组织团购,由消费者自行组织,将自发团购产品信息在网站上发布。团购目前已在上海、北京、广州等大型城市流行起来,并逐渐发展成为一种新型的消费模式。

(1) 团购的概念:团购(group purchase)是指团体购物,指认识或不认识的消费者联合起来,加大与商家的谈判能力,以求得最优价格的一种购物方式。团购作为一种新兴的电子商务模式,通过消费者自行组团、专业团购网站、商家组织团购等形式,提升用户与商家的议价能力,并极大程度地获得商品让利,引起消费者及业内厂商、甚至是资本市场关注。现在团购的主要方式是网络团购。

(2) 团购的形式:①自发行为的团购;②职业团购行为,目前已经出现了不少不同类型的团购性质的公司、网站和个人;③销售商自己组织的团购;④通过组建"消费者联盟",建立持续、稳定、重复团购渠道来创业的"个人特许加盟型团购"。

上述4种形式的共同点就是参与者能够在保证正品的情况下让自己的消费资产获得增值。

**(四) 体育用品促销方式**

1. **体育明星代言** 随着企业之间的竞争越来越激烈,明星代言也在企业营销战略中起着重要的作用。简单来说,明星代言就是指利用名人、明星的平面肖像或录像,通过一系列的宣传载体让产品的终端受众广为知晓的一种营销工具。

(1) 体育明星代言的概念:体育明星代言既是明星代言的一个分支,也是体育营销的一个分支。是指在公众心目中有一定知名度、表现卓越、成绩突出的运动员及教练员、运动团队出面,利用自身形象、名气参与宣传企业品牌,协助企业强化其商业销售或产品的品牌形象,通过在广告中的陈述或表现来支持广告或广告声明的个人或组织,表达对某个企业、产品或服务的公开支持和赞同的品牌提升过程。

(2) 分类:体育明星代言依照产品的种类可分为两种类型:一种是运动产品类广告,是指体育明星为其自身从事的运动项目及其所需使用的各种物品做代言;另一种是非运动产品类广告,是指体育明星为其他与运动无关的各式产品或服务做代言。

同时按照传播效应及代言合作方式也可把体育明星代言分为:

1) 新闻效应型:是指运动员以优异成绩荣获世界级高水平比赛冠军时,运动员的名字及形象就会引爆新闻媒体,争相以头版头条报道,使其在第一时间成为社会公众关注的焦点。新闻价值高,受关注程度越高,广告效应也就越好。

2) 明星效应型:是借助于体育明星的名气在公众心目中的长远影响,为企业做代言。但这种类型的体育明星不一定都是世界冠军或奥运会冠军,也可能是这些明星曾在一定时期内或很长一段时间内的影响较大。

3) 赞助回报型:是由企业出资赞助运动队或运动员,该队的队员或教练为其做代言,以此作为企业投资的回报。

**相关链接**

据不完全统计:体育明星代言运动服装业占25%,饮料业占17%,医药业占16%,通信业、保健品业、电器业占8%,酒业、卫生用品占4%,其他占10%。

据相关报道统计:足球类运动员代言占22%,乒乓球类运动员占12%,体操类运动员占11%,跳水、田径类运动员占3%,羽毛球、篮球类运动员占2%,游泳等其他类运动员占36%。

2. 活动赞助　我国体育用品企业作为活跃于体育用品市场的主体,要在体育用品市场的激烈竞争中站稳阵脚并抢占市场制高点,仅凭产品的质量、广告宣传和明星代言是不够的,还须从消费市场环境出发,实施不同种类的营销方式。

(1) 体博会营销。体育用品博览会是体育用品展示产品、显示实力,进行营销、交易的平台。在第3届广东(国际)体博会上,由我国康威集团有限公司赞助搭建的"T"形表演台进行体育服装表演,"双鱼"集团公司搞的乒乓球擂台争霸赛就吸引了众多的观众与参与者。通过参与体博会,体育用品不但展示了自己的新产品,树立了的新形象,而且获得的订单也是很可观的。

(2) 大型运动会营销。大型运动会不仅参与人数多,而且备受世人的关注,也是媒体关注的焦点。因此,与大型运动会联姻是众多体育用品企业一直追求的目标。利用大型运动会本身的魅力影响进行营销推广是许多有实力的体育用品企业所推崇的。例如,广州康威集团公司赞助资金和实物折合人民900多万元赞助九运会,借助九运会的影响,扩大了产品影响,树立了企业形象,并取得了良好的经济效益和社会效益。

(3) 业赛事营销。商业赛事具有浓厚的商业推广性,参赛人数多,而且选择的项目是直接针对其消费群目标市场。不管是从赛前的宣传,到赛中的比赛场地广告位的摆放,电视对赛事的转播,还是媒体的报道都必须显示赞助商的地位,充分展示赞助形象及其产品。中国动向注重的是娱乐与体育的联动,2007年中国网球公开赛,其首次成为该赛事白金级赞助商,"娱乐"、"专业"左右开弓:赛场内,裁判、捡球员、球迷都穿着Kappa;赛场外,吸引年轻人驻足参与的"嘉年华"、"啦啦秀"也由他们组建。

# 本 章 小 结

体育用品营销是指为体育用品公司产品的生产、定价、促销、渠道等设计和实施的活动过程,其目的在于满足消费者进行体育教育、竞技运动和身体锻炼的需求或欲望,并达成公司目标;我国体育产业市场集中度低,中等产品差别化小,产业的进/出壁垒较小;体育用品营销策略就是企业以顾客需要为出发点,为顾客提供满意的商品和服务而实现企业目标的过程。企业必须将顾客的需求和利益最大化放到同等的位置,形成现代企业营销的理念,品牌的质量、定位、理念、促销等显得格外重要。

## 思考题

1. 体育用品市场的特征是什么?
2. 体育用品营销的特征有哪些?
3. 特许连锁经营的概念是什么?包括哪些形式?

# 主要参考文献

[1] [美]菲利普·科特勒.梅清豪,译.营销管理[M].上海:上海人民出版社,2006.
[2] [美]布伦达·G.匹兹,等.体育营销原理与实务[M].第2版.裴理瑾译.沈阳:辽宁科技出版社,2005.
[3] 钟天朗.体育经济学概论[M].第2版.上海:复旦大学出版社,2004.
[4] 钟天朗.体育经营管理—理论与实务[M].上海:复旦大学出版社,2010.
[5] 钟天朗.体育服务业导论[M].上海:复旦大学出版社,2008.
[6] 朱小明.体育营销[M].北京:北京大学出版社,2006.
[7] 张林.职业体育俱乐部运行机制[M].北京:人民体育出版社,2001.
[8] 张文键.职业体育组织的演进与创新[M].北京:北京大学出版社,2006.
[9] 刘清早.体育赛事运作管理[M].北京:人民体育出版社,2006.
[10] 刘清早.体育赛事运作案例精选[M].北京:人民体育出版社,2007.
[11] 刘清早.体育赛事运作管理实务[M].北京:人民体育出版社,2011.
[12] 纪宁,巫宁.体育赛事的经营与管理[M].北京:电子工业出版社,2004.
[13] 李海.体育博彩概论[M].上海:复旦大学出版社.2004.
[14] 赵明宇.世界体育彩票概览[M].北京:人民体育出版社,1999.
[15] [美]克里斯托弗·H.洛夫洛克.陆雄文,庄莉,译.服务营销[M].北京:中国人民大学出版社,2001.
[16] 刘兵.体育健身娱乐业服务质量评价与分析[M].北京:人民体育出版社,2008.
[17] [英]Mike Weed, Chzis Bull.戴光全,朱竑,译.体育旅游[M].天津:南开大学出版社,2006.
[18] 易国庆.体育场馆的经营与管理[M].北京:人民体育出版社,2009.
[19] 徐爱丽,陈书睿.体育经纪运作实务[M].上海:复旦大学出版社,2007.
[20] 肖焕禹.体育传播学[M].北京:人民体育出版社,2011.
[21] [美]马修.D.尚克.董进霞,邱招义,于静,译.体育营销学[M].第2版.北京:清华大学出版社,2002.
[22] 李万来.体育经营管理概论[M].北京:人民体育出版社,2006.
[23] 钟秉枢.职业体育——理论与实证[M].北京:北京体育大学出版社,2006.
[24] 鲍明晓.体育产业——新的经济增长点[M].北京:人民体育出版社,2000.
[25] 潘肖珏.体育广告策略[M].上海:复旦大学出版社,2004.
[26] 柯惠新,王兰柱.媒介与奥运(雅典奥运篇)[M].北京:中国传媒大学出版社,2006.
[27] 刘志民.旅游与体育旅游概论[M].北京:人民体育出版社,2008.
[28] 柳伯力,陶宇平.体育旅游导论[M].北京:人民体育出版社,2003.

**图书在版编目(CIP)数据**

体育营销学/徐琳主编. —上海:复旦大学出版社, 2013.4(2021.7 重印)
(竞攀系列)
ISBN 978-7-309-09496-1

Ⅰ. 体… Ⅱ. 徐… Ⅲ. 体育-市场营销学-高等学校-教材 Ⅳ. G80-05

中国版本图书馆 CIP 数据核字(2013)第 027601 号

**体育营销学**
徐 琳 主编
责任编辑/魏 岚

复旦大学出版社有限公司出版发行
上海市国权路 579 号 邮编:200433
网址:fupnet@fudanpress.com http://www.fudanpress.com
门市零售:86-21-65102580 团体订购:86-21-65104505
出版部电话:86-21-65642845
江苏句容市排印厂

开本 787×1092 1/16 印张 8.75 字数 223 千
2021 年 7 月第 1 版第 6 次印刷

ISBN 978-7-309-09496-1/G·1167
定价:30.00 元

如有印装质量问题,请向复旦大学出版社有限公司出版部调换。
版权所有 侵权必究